Khalid Al-Rawi
Waleed Alrawi
Ahmed Alrawi

Otimização dos Efeitos da Liderança na Partilha de Conhecimento & Sustentabilidade

Khalid Al-Rawi
Waleed Alrawi
Ahmed Alrawi

Otimização dos Efeitos da Liderança na Partilha de Conhecimento & Sustentabilidade

ScienciaScripts

Imprint
Any brand names and product names mentioned in this book are subject to trademark, brand or patent protection and are trademarks or registered trademarks of their respective holders. The use of brand names, product names, common names, trade names, product descriptions etc. even without a particular marking in this work is in no way to be construed to mean that such names may be regarded as unrestricted in respect of trademark and brand protection legislation and could thus be used by anyone.

Cover image: www.ingimage.com

This book is a translation from the original published under ISBN 978-3-659-88737-6.

Publisher:
Sciencia Scripts
is a trademark of
Dodo Books Indian Ocean Ltd. and OmniScriptum S.R.L publishing group

120 High Road, East Finchley, London, N2 9ED, United Kingdom
Str. Armeneasca 28/1, office 1, Chisinau MD-2012, Republic of Moldova, Europe
Managing Directors: Ieva Konstantinova, Victoria Ursu
info@omniscriptum.com

Printed at: see last page
ISBN: 978-620-8-54094-4

Índice

Resumo 2

Introdução 3

Capítulo 1. Perspetiva da partilha de conhecimentos 8

Capítulo 2. Eficácia da partilha de conhecimentos da liderança 13

Capítulo 3. Utilização das tecnologias da informação e da comunicação 17

Capítulo 4. Liderança e apoio à criatividade 20

Capítulo 5. Sustentar a Criatividade: Percepções e Dimensões 23

Capítulo 6. A natureza da confiança e o pensamento de liderança 28

Capítulo 7. O Impacto da Confiança no Desempenho Organizacional 31

Capítulo 8. Esforços organizacionais para a melhoria do desempenho 35

Capítulo 9. Metodologia e análise 39

Conclusão 43

Referências 45

Resumo

Neste artigo, os investigadores introduziram o conceito de otimização do desempenho da liderança através da partilha de conhecimentos. A Partilha de Conhecimentos (PC) é um ingrediente importante para o sucesso sustentado das organizações e é uma abordagem para identificar, adquirir, aplicar, criar, desenvolver, preservar e medir o conhecimento da organização. As práticas de Partilha de Conhecimentos (PC) são uma área crítica para os gestores de pequenas empresas no atual ambiente competitivo. No entanto, existe um consenso geral em relação ao facto de os benefícios da SC não terem sido totalmente explorados pelas organizações. O objetivo deste artigo é analisar a SC como uma componente crucial para a otimização do desempenho da liderança na organização, e as barreiras organizacionais na realização dos empregados no ambiente empresarial.

Este estudo foi realizado através de questionários que inquiriram (115) empresas localizadas no Emirado de Abu Dhabi / Emirados Árabes Unidos (EAU). Os resultados revelaram que a cultura organizacional e as atitudes da gestão de topo, baseadas na perceção individual e no estilo de gestão, têm uma relação negativa com os benefícios percebidos do conhecimento. A análise mostra que as iniciativas de gestão evidenciam o facto de nem todas serem necessariamente bem sucedidas.

Palavras-chave: Criatividade, Gestão do Conhecimento, Partilha do Conhecimento, Benefícios do Conhecimento, Liderança Transformacional, Setor Industrial, Competitividade, Confiança, EAU.

Introdução

Definir conhecimento não é uma tarefa fácil, porque é um daqueles conceitos que não têm uma definição universal; diferentes autores abordam o conceito de diferentes perspectivas e de diferentes ângulos, resultando em múltiplas definições. Pode ser visto como o processamento de informações com o objetivo principal de compreender os acontecimentos que ocorrem no ambiente circundante (Bratianu, & Orzea, 2010).

A Partilha de Conhecimentos (PC) é uma abordagem para identificar, adquirir, aplicar, partilhar, criar, desenvolver, preservar e medir o conhecimento da organização. Nos últimos anos, a Partilha de Conhecimentos tem sido objeto de uma atenção generalizada. As empresas têm salientado a importância do conhecimento como base para a vantagem competitiva no domínio dos negócios. Muitas organizações obtiveram lucros com o SC porque reconhecem a importância do SC no crescimento e desenvolvimento do negócio (Tock, & Rohaizat, 2013). O SC é uma área crítica para os gestores de pequenas empresas no atual ambiente competitivo. No entanto, existe um consenso geral em relação ao facto de os benefícios do SC não terem sido totalmente explorados pelas organizações. De facto, apesar da vasta literatura sobre SC, existe uma abundância de pesquisas que descrevem como as grandes empresas estão a praticar com sucesso o SC, mas poucas contribuições sobre os factores críticos de sucesso para a adoção do SC nas organizações (Evangelista, et al, 2010). Quando uma organização é capaz de maximizar e alavancar os seus recursos técnicos e de desenvolvimento de negócios, isso irá aumentar a vantagem competitiva da empresa.

Em geral, a SC tenta organizar e disponibilizar conhecimentos importantes. As práticas de SC dependem, em grande medida, da capacidade e da vontade dos trabalhadores e da gestão de partilharem o conhecimento de forma adequada e livre numa organização. A SC permite que o conhecimento individual existente seja capturado e transformado em conhecimento organizacional, que por sua vez deve ser difundido e partilhado por muitos funcionários (Parjanen, S., (2012).

Os gestores terão de abandonar a filosofia há muito estabelecida de que o conhecimento é poder. A gestão, o conhecimento e a tecnologia desempenham um papel vital na obtenção de produtos de elevada qualidade, no desenvolvimento económico e no crescimento. A gestão destes recursos e capacidades ajuda a organização a criar competitividade no sector. As organizações variam substancialmente nas suas posições de recursos, nos objectivos dos seus fundadores e no seu potencial. Também variam na fase de desenvolvimento, pelo que a gestão deve atualizar os seus conhecimentos nas diferentes fases de desenvolvimento. No entanto, as empresas não partilham necessariamente as mesmas caraterísticas e ideais que as grandes empresas. Há certas caraterísticas únicas das empresas que precisam de ser compreendidas antes de o SC ser implementado no seu ambiente. Assim, o desenvolvimento e a implementação eficazes do SC requerem uma base em várias literaturas ricas. Atualmente, o SC está a tornar-se rapidamente uma atividade empresarial integral para as organizações, à medida que estas se apercebem de que a competitividade gira em torno da gestão eficaz do conhecimento (Massimo, et al., 2012).

Para ser credível, a investigação e o desenvolvimento da SC devem preservar e basear-se na literatura significativa que existe em domínios diferentes mas relacionados. A SC é uma abordagem formalizada e integrada para identificar e gerir os activos de conhecimento de uma organização. O impacto da implementação da SC em termos de melhoria do desempenho e dos benefícios conexos ainda não é claro. O conhecimento organizacional é o recurso mais importante à disposição da gestão em termos de disponibilidade, acesso e profundidade (Shankar, 2010). As organizações bem sucedidas são aquelas que conseguem tirar partido dos seus conhecimentos de forma eficaz e eficiente, de modo a compensar as deficiências dos recursos tradicionais, como a terra, o trabalho e o capital. A SC bem-sucedida afirma que o conhecimento correto se torna benéfico. Para tal, é necessário um plano claro e sucinto sobre o motivo pelo qual a SC é implementada e o objetivo da empresa. Implica que tanto a direção como os empregados estejam conscientes da sua vontade e que identifiquem e desenvolvam os conhecimentos necessários para satisfazer essas percepções (Walumbwa, et.al, 2010).

Um líder bem sucedido sabe que os empregados e os seus conhecimentos fazem a diferença. Por conseguinte, os esforços da gestão de topo são importantes na implementação da SC para facilitar a comunicação entre os funcionários, o que influenciará positivamente os benefícios percebidos do conhecimento. Por outras palavras, preferimos que o líder se concentre na forma de proceder em vez de se concentrar no que a direção quer fazer. É geralmente aceite que a partilha de conhecimentos é um processo crucial nos contextos organizacionais, quer se trate de equipas de projeto, grupos de trabalho formais ou comunidades de prática. Para os investigadores, a liderança é, quaisquer traços de personalidade prevalecentes nos líderes podem existir em indivíduos que nunca atingem o estatuto de liderança, devido em parte à falta de situações de interação. Por conseguinte, a liderança é uma relação; uma "relação de influência entre líderes e colaboradores que pretendem mudanças reais que reflectem os seus objectivos mútuos. Os contextos organizacionais existem normalmente para alcançar um resultado coletivo, por exemplo, a entrega de produtos e/ou serviços físicos ou intelectuais (Foss, Husted, & Michailova, 2010).

São criados ou emergem quando nenhum dos actores envolvidos pode produzir o resultado coletivo individualmente. O conhecimento dos indivíduos não se transforma facilmente em conhecimento organizacional, mesmo com a implementação de repositórios de conhecimento. Os líderes/gestores compreendem a importância da partilha de conhecimentos entre os seus empregados e estão ansiosos por introduzir o paradigma da gestão do conhecimento nas suas organizações. No entanto, pouco se sabe sobre os determinantes do comportamento individual de partilha de conhecimentos (Alireza, et al., 2010). Por conseguinte, é difícil definir o significado de partilha de conhecimentos. Tanto os conceitos de conhecimento como de partilha são difíceis de captar. Para os gestores/líderes, é difícil, em contextos organizacionais, assegurar o efeito da partilha de conhecimentos nos seus trabalhadores e no seu desempenho, uma vez que uma parte substancial do processo é cognitiva e, por conseguinte, de natureza abstrata (Walsh, & Conway, 2011). No presente documento, o conhecimento é considerado como a compreensão colectiva, bem como a capacidade de transformar essa compreensão em acções (competências). Por conseguinte, a partilha de conhecimentos refere-se a um processo sócio-relacional através do qual os indivíduos tentam estabelecer uma compreensão partilhada sobre a realidade e estabelecer a capacidade (potencial) de transformar essa compreensão em acções (colaborativas) para produzir desempenho. Fazem-no utilizando diversas combinações de sinais (por exemplo, linguagem, gestos e ilustrações) e ferramentas (por exemplo, objectos físicos, tecnologias de comunicação, modelos mentais).

O desempenho pode ser definido como o processo contínuo de identificação, medição e desenvolvimento do desempenho de indivíduos e equipas, e o alinhamento do desempenho com os objectivos estratégicos da organização (Guinis, 2013). A gestão do desempenho não é uma avaliação do desempenho.

A otimização do desempenho da gestão não é apenas a força de trabalho a "trabalhar mais". É o resultado da maximização da produtividade de vários factores que vão desde o comportamento da liderança, colaboradores, tecnologia e processos, cultura e sistemas de motivação e recompensa. A maioria das organizações monitoriza continuamente os indicadores de desempenho para avaliar o desempenho real com base no seu âmbito de serviço. A direção compila os dados e apresenta o relatório à equipa de liderança da qualidade para análise (Zubin, &Venkat, 2011). Por conseguinte, se um indicador não atingir o nível de desempenho esperado, a direção tem de apresentar um plano de ação a implementar para melhorar o desempenho exigido.

Os investigadores acreditam que as motivações dos trabalhadores para a partilha de conhecimentos na sua organização e no trabalho diário são de importância crucial para compreender se o conhecimento está ou não a ser partilhado. Afinal, mesmo quando esses funcionários estão convencidos da necessidade de partilhar conhecimentos, sabem com quem devem partilhar conhecimentos e são também cognitivamente capazes de partilhar conhecimentos, uma vez que partilham uma linguagem semelhante e têm à sua disposição tecnologias adequadas, a partilha de conhecimentos pode não ser partilhada, a menos que os líderes tenham uma motivação subjacente para a partilha (Veld, 2010).

Em qualquer organização, os colaboradores, gestores e líderes representam a melhor fonte de vantagem competitiva sustentável e de desempenho no mercado global atual. As organizações que potenciam estas variáveis estão mais bem posicionadas para enfrentar os desafios da mudança, da concorrência e da incerteza, e para registar níveis mais elevados de produtividade e qualidade de desempenho. Por exemplo, liderar mudanças, melhorar o foco dos funcionários no cliente e no negócio e melhorar a reputação e a marca da empresa pode criar uma estratégia e um programa de dentro para fora para ajudar os clientes da organização (Rousseau, 2006).

A organização deve encarar a melhoria do desempenho como um processo que requer um plano claro para melhorar o desempenho e abordar os requisitos de recursos para permitir que este processo seja bem sucedido. A liderança das equipas foi particularmente fortemente associada ao desempenho dos seguidores e ao compromisso com o desempenho na organização. Quando a qualidade da liderança das equipas é baixa, os níveis de desempenho e empenho dos seguidores tendem a diminuir, enquanto o empenho do líder efetivo tende a aumentar, e tais implicações podem trazer problemas adicionais, por exemplo, em contextos de mudança, quando são necessários níveis adicionais de esforços e envolvimento para implementar com êxito essas mudanças. Este processo exige uma mudança na cultura de trabalho e um empenhamento total desde o topo da organização até aos níveis mais baixos para executar este plano de melhoria do desempenho (Khalid, et.al, 2014).

Num ambiente cada vez mais competitivo, as organizações precisam de funcionar o mais eficientemente possível, especialmente quando lidam com os seus empregados no trabalho, independentemente do tipo de trabalho em que estão envolvidos. Uma vez que estas organizações empregam pessoas que adquiriram conhecimentos específicos na prática, parece racional que os líderes tentem beneficiar desses conhecimentos, para que cada empregado possa tirar partido das experiências anteriores dos seus colegas. Além disso, a compreensão incompleta das motivações da liderança para a partilha de conhecimentos pelos trabalhadores pode produzir um resultado contraditório (Gottschalk, et.al, 2011). Esta compreensão fragmentada e frequentemente contraditória da dimensão motivacional e relacional da partilha de conhecimentos sublinha a necessidade de um quadro integrador para compreender a partilha de conhecimentos num contexto organizacional.

O ponto de partida deste documento é que a partilha de conhecimentos é um fenómeno organizacional e o comportamento dos indivíduos é fundamentalmente de natureza relacional. O comportamento individual assume um significado social apenas no contexto das relações humanas. A unidade básica de análise é, portanto, o comportamento individual e o comportamento num contexto relacional. Assume-se que a dimensão relacional da partilha de conhecimentos está diretamente relacionada com a motivação, uma vez que uma relação está implícita na natureza recíproca da motivação (Gro, & Susann, 2014). Por isso, sugere-se que a partilha de conhecimento seja investigada através dos esforços de liderança dentro do ambiente organizacional.

Na literatura, foram identificadas várias condições para a ausência ou presença de partilha de conhecimentos. Assume-se que, quando alguma destas condições não existe, é pouco provável que a partilha de conhecimentos ocorra ou, pelo menos, não de uma forma eficiente ou eficaz. O objetivo deste artigo é analisar a SC como uma componente crucial para a otimização do desempenho da liderança na organização, e as barreiras organizacionais no alcance do sucesso sustentado dos colaboradores na organização. Por fim, este trabalho pretende contribuir para a melhoria da eficácia e eficiência das organizações, de forma a aumentar o valor para os seus stakeholders (Bennett, 2005).

Este artigo pode ser um contributo para a literatura ao colocar a SC no contexto da melhoria do desempenho da liderança nas suas organizações. O artigo analisa as caraterísticas, as vantagens e desvantagens, os pontos fortes e fracos, e os principais problemas e questões, todos associados à SC. Neste artigo, introduzimos o conceito de SC como um ingrediente importante no ambiente empresarial, com ênfase nos factores que influenciam o desempenho da liderança e a adoção deste conceito nas organizações dos Emirados Árabes Unidos (EAU). O estudo contribui para a literatura sobre a SC e negócios na região do Golfo, em geral, e nos EAU, em particular.

Capítulo 1. Perspetiva da partilha de conhecimentos

É amplamente aceite que a SC é um fator crítico de sucesso para as empresas. O conceito de SC está a ganhar cada vez mais interesse no domínio dos negócios. Existe um consenso geral em relação ao facto de os benefícios do SC não terem sido totalmente explorados por todas as organizações. Para Mohd, et.al., (2010), embora as grandes empresas tenham liderado a introdução e a implementação do SC, é cada vez mais importante para todas as empresas gerir os seus activos intelectuais colectivos.

Ao analisar os esforços organizacionais de envolvimento da força de trabalho, uma organização pode utilizar uma série de técnicas e programas para garantir um ambiente de trabalho positivo e de apoio, como um reconhecimento ligado aos objectivos organizacionais, a medição da satisfação da força de trabalho, são estabelecidos e adquiridos para todos os funcionários em todos os níveis para garantir que o conhecimento e as competências necessárias para as responsabilidades definidas em cada posição. Por conseguinte, o plano de melhoria do desempenho deve ser concebido para facilitar uma discussão construtiva entre um membro do pessoal e o seu supervisor e para clarificar o desempenho do trabalho a melhorar (Helms, et al, 2010).

Alguns modelos de gestão da mudança são precisos e pormenorizados no que respeita aos métodos de reconcepção dos processos, mas vagos e conceptuais no que respeita à dinâmica comportamental. Muitos sistemas de melhoria de processos baseiam-se fortemente em alguns conceitos ou percepções de gestão, tais como "trabalho de equipa", "empowerment", "novos paradigmas" e "responsabilização", mas não têm uma visão dos sistemas de crenças, valores, motivações e desincentivos do local de trabalho que estão subjacentes aos comportamentos que se pretende mudar. Olhando para o futuro e continuando a assegurar resultados sustentados e um elevado desempenho, a gestão pode também utilizar o benchmarking para determinar a melhor forma de praticar a autoridade e a responsabilidade e o desempenho, estabelecendo depois objectivos ambiciosos para alcançar e exceder as melhores expectativas de níveis de desempenho, tanto quanto possível a partir dos processos e dados de desempenho do seu parceiro de benchmarking (Ho, 2008). A SC é uma força motriz de importância crítica para o sucesso ou o fracasso da empresa. A SC é um processo novo mas complexo, com muitos factores que influenciam a sua implementação. Os investigadores acreditam que a chave para a SC nas PME consiste em monitorizar as lacunas de conhecimento à medida que estas surgem e, em seguida, tentar algumas soluções para essa necessidade. Ndubisi, & Iftikhar (2012), e Santos-Vijande, et.al, (2012), acreditam que as pessoas, a cultura empresarial e a tecnologia da informação são os maiores facilitadores da implementação do SC. A capacidade de gerir o conhecimento está a tornar-se cada vez mais crucial na atual economia do conhecimento. A SC é uma força motriz de importância crítica para o sucesso ou o fracasso das empresas. A SC é um processo novo mas complexo, com muitos factores que influenciam a sua implementação. Os investigadores acreditam que a chave para a SC em qualquer organização é monitorizar as lacunas de conhecimento à medida que estas surgem e, em seguida, tentar algumas soluções para essa necessidade. Considerado uma parte importante da sua comunicação e do processo de feedback, o conhecimento da aprendizagem organizacional é uma ferramenta fundamental para uma rápida implementação e partilha da informação em todas as operações da organização a todos os níveis de gestão. Este processo de comunicação e de feedback deve ser concebido de modo a obter os resultados das entradas, da análise e da prototipagem rápida do processo e a partilhá-los com as lojas. Este processo é também considerado um incentivo à agilidade organizacional e à aprendizagem organizacional e dos trabalhadores. Este tipo de comunicação produz frequentemente uma aprendizagem e uma tomada de decisões rápidas, que são partilhadas por toda a empresa sem atrasos ou dificuldades, e também contribui para a construção de boas relações com os clientes, juntamente com os aspectos de desenvolvimento das avaliações pelos pares e os processos de formação da organização, apoiando eficazmente os funcionários no desenvolvimento e utilização de todo o seu potencial (Lehner e Haas, 2010).

A partilha de conhecimentos é fundamental, uma vez que pode contribuir para a aplicação do conhecimento, a inovação e, em última análise, a vantagem competitiva de uma organização (Sheng, Raymond, & Zhong-Ming, 2014). A concetualização da partilha de conhecimentos é um desafio por duas razões. Em primeiro lugar, as teorias e os conceitos relevantes não se encontram numa única disciplina de investigação, mas podem ser distribuídos por várias disciplinas e subdisciplinas das ciências sociais. Em segundo lugar, verifica-se que uma parte substancial da literatura está envolvida num discurso epistemológico sobre o conhecimento, sem chegar a um consenso claro (Niels-Ingvar, 2005). O conhecimento tornou-se uma questão em voga nas empresas e, consequentemente, tornou-se um domínio de investigação no mundo académico. Algumas empresas, como a Siemens e a Xerox, descobriram que o seu investimento financeiro na SC resultava num aumento do volume de vendas e na redução de custos, mas muitas outras assumiram erradamente que os empregados partilhariam naturalmente o conhecimento e, como resultado, estas empresas não realizaram os benefícios esperados (Webster et.al, 2008).

De facto, apesar da vasta literatura sobre SC, existe uma abundância de investigação que descreve como as grandes empresas estão a praticar com sucesso o SC, mas poucas contribuições sobre os factores críticos de sucesso para a adoção do SC nas pequenas e médias empresas. Por exemplo, as pequenas organizações muitas vezes não têm grandes quantidades de capital para investir e, mais importante, muitas vezes fazem KS naturalmente através de simples conversas cara a cara e um pouco de mentoria (Srinivas, 2012).

Os investigadores acreditam que o conhecimento será partilhado de acordo com a lógica da obtenção de um melhor desempenho. Por conseguinte, os trabalhadores podem não partilhar conhecimentos, uma vez que não há recompensa económica nem possíveis prejuízos económicos em fazê-lo e vice-versa. A questão não é, portanto, que os trabalhadores se concentrem principalmente no que podem ganhar ou perder economicamente com a partilha de conhecimentos. Embora a racionalidade económica seja uma consideração importante, não é suficiente para compreender por que razão os trabalhadores (não) partilham conhecimentos em diferentes contextos organizacionais.

A tarefa de gestão eficaz e competitiva das organizações torna-se necessária, e o SC, se compreendido e aplicado corretamente, pode ser uma ferramenta útil para a transformação do negócio, bem como a chave da vantagem competitiva. A SC é considerada eficaz quando o conhecimento relevante, útil ou significativo é distribuído entre os indivíduos dentro do ambiente, ou seja, quando o processo de SC realmente ocorre (Helms et.al, 2010). Por outro lado, a gestão do conhecimento em organizações de todas as dimensões é reconhecida agora mais do que nunca, o que realça a importância da gestão do conhecimento em qualquer tipo de negócio como uma parte vital dos seus factores para reter os seus activos de conhecimento. É amplamente aceite que a SC é um fator crítico de sucesso para as empresas.

De acordo com a OCDE (2000), as pequenas organizações constituem a maior proporção de empresas em todo o mundo e desempenham um papel extraordinário na criação de emprego, no fornecimento de bens e serviços, na criação de um melhor nível de vida, bem como na contribuição imensa para os produtos internos brutos (PIB) de muitos países. Nos últimos anos, vários investigadores têm-se debruçado sobre a SC e o seu sucesso em várias dimensões e aspectos. Alguns autores tentaram ajudar o conhecimento organizacional (Lakshman, 2007). Sumaiyah, & Rosli (2011), destacaram que o conhecimento gerado em pequenas organizações é de natureza tácita devido a várias razões. No contexto das pequenas empresas, alguns elementos de SC são praticados, mas de uma forma "ad hoc". De facto, qualquer infraestrutura tecnológica que seja criada para apoiar o SC deve ser adaptada às necessidades da organização e não o contrário (Evangelista, et.al, e 2010). O conhecimento tornou-se uma das forças motrizes mais importantes para o sucesso empresarial. A SC ajuda as organizações a encontrar, selecionar, organizar, distribuir e transferir informação vital. Ainda não são suficientemente conhecidos os factores que influenciam o sucesso do SC, de modo a medir a eficácia do SC. Se os factores críticos de sucesso pudessem ser determinados, seria dado um passo importante na direção de uma validação geralmente relevante do SC (Lehner, & Haas, 2010). Através de uma SC bem sucedida, as organizações melhoram a sua eficácia e ganham vantagem competitiva.

Os investigadores verificaram que as caraterísticas acima referidas existem nas organizações dos EAU. A convicção dos investigadores é que o conhecimento deve ser um dos recursos valiosos numa empresa que precisa de ser gerido de forma eficiente.

O conhecimento tradicional refere-se ao conhecimento único dos ambientes organizacionais, existente em condições específicas de negócio numa determinada área. O desenvolvimento do sistema de SC dentro da organização está a abranger as atitudes dos empregados e da gestão, incluindo os esforços da gestão para sobreviver num ambiente competitivo (Gahukar, 2010). Muitas organizações começaram a reconhecer o conhecimento como um quarto fator de produção, para além do trabalho, da terra e do capital. O argumento era que, uma vez que o conhecimento constituía uma forma crucial de se diferenciar dos seus concorrentes, também deveria ser gerido. De facto, a gestão do conhecimento consiste em manter o controlo sobre a partilha do conhecimento das pessoas.

O novo conhecimento criado pelo líder na sua organização através da partilha de conhecimentos é o resultado da gestão de um conhecimento organizacional e representa o principal objetivo do círculo de KM (ou seja, KM, partilha de conhecimentos e inovação). Este conhecimento é específico da entidade que o criou. Mais uma vez, o conhecimento requer alguns grupos da sua relação com a informação. A partilha de conhecimentos pode ser considerada como uma prática que consiste em resolver problemas, ou seja, problemas que podem ser resolvidos de muitas formas diferentes. Um líder bem sucedido sabe que os funcionários e os seus conhecimentos fazem uma diferenciação (Alireza, et. al., 2010). Por conseguinte, os esforços dos líderes são importantes na implementação da SC para facilitar a comunicação entre os funcionários, o que influenciará positivamente os benefícios percebidos do conhecimento. Por outras palavras, preferimos que o líder se concentre na forma de proceder em vez de se concentrar no que a gestão quer fazer. Os recursos de conhecimento são a chave para um ambiente organizacional firme. No entanto, com a proliferação do conhecimento e da informação, cada vez mais acessíveis através da Internet, os líderes e as empresas estão a ser desafiados a navegar no mar da informação. Uma ferramenta cada vez mais essencial para a tarefa atual com os ambientes de serviços das organizações é a de um sistema KS (Hafizi & Hayati, 2006).

No processo da SC, a Liderança tem sido concebida como o foco dos processos de grupo, como uma questão de indução de conformidade, como uma questão de personalidade, como comportamentos particulares, como uma forma de persuasão, como uma relação de poder, como um instrumento para atingir objectivos, como um efeito de encorajamento da interação entre empregadores e empregados com as suas organizações, como o exercício de influência, como um papel diferenciado, como iniciação da estrutura, e como muitas combinações destas definições. Na organização industrial atual, são necessários líderes KS encorajadores que assumam a responsabilidade de revitalizar uma organização - através do reconhecimento de uma necessidade de revitalização, da criação de uma nova visão e da institucionalização da mudança (Ratcliffe, 2012).

As organizações precisam de mudanças recorrentes porque a continuidade e a sustentabilidade do sucesso no mercado exigem que se acompanhe a evolução das condições do mercado. A liderança encoraja a KS em aspectos como a comunicação eficaz, a flexibilidade do líder e o desenvolvimento do empenhamento dos constituintes. Assim, o enfoque da liderança faz com que os indivíduos determinem as suas identidades pessoais, sociais e morais, e os objectivos organizacionais; de facto, estão a melhorar simultaneamente o desempenho dos empregados e das empresas (Stone, & Travis, 2011).Mais uma vez para os investigadores, a relevância da definição de liderança para este estudo, não é importante olhar para o termo do ponto de vista do psicólogo ou do sociólogo, mas como uma função de ambos.

Num mundo de conhecimento intensivo, os líderes devem desenvolver a sua compreensão da partilha de conhecimentos e da utilização de redes para obterem uma vantagem competitiva (Farooq, 2010). Essa liderança deve incentivar os trabalhadores a darem feedback para melhorar os esforços da SC. Isto encorajá-los-á a contribuir positivamente, aumentando a criatividade, incentivando-os a inventar ideias inovadoras e melhorando o seu desempenho. Por conseguinte, os líderes fornecem o quadro geral de desenvolvimento da partilha para a organização e os seus empregados. A gestão de liderança aborda então as suas necessidades empresariais com o conhecimento correto (Savolainen, 2007).

Apesar do princípio de gestão empresarial amplamente divulgado de que os recursos organizacionais de informação e conhecimento são activos-chave a serem explorados para apoiar uma melhor tomada de decisões, políticas e práticas, inovação e resultados organizacionais, muitas organizações não têm conhecimento explícito estratégias de gestão (KM) e/ou falham persistentemente em reconhecer que a gestão dos recursos de conhecimento envolve factores para além dos sistemas de apoio tecnológico necessários (Seba & Rowley, 2010). Esta questão não é exclusiva de uma empresa específica, uma vez que as organizações dos sectores público e privado ignoram frequentemente a estrutura organizacional, as capacidades dos processos, a cultura e/ou os factores do contexto organizacional quando implementam ou consideram a saúde geral dos seus ambientes de partilha de informações e conhecimentos (Alavi, Kayworth, & Leidner, 2005).

Os investigadores consideram que as organizações devem mudar o enfoque - como esforços de gestão - da partilha de conhecimentos para apoiar as relações entre os trabalhadores e a aplicação efectiva das experiências desses outros trabalhadores, bem como alterar os ambientes de trabalho para incentivar a partilha de conhecimentos e a aprendizagem no local de trabalho e proporcionar tempo, espaço e instrumentos para o fazer.

Capítulo 2. Eficácia da partilha de conhecimentos da liderança

Os valores de liderança contribuem para o desempenho a longo prazo. Têm consequências para a reputação e a confiança nas empresas, e um enorme impacto no empenhamento dos trabalhadores, na produtividade e nos resultados. Neste sentido, os líderes, sob a pressão dos objectivos, podem encontrar-se numa posição em que podem comportar-se de forma pouco ética e, mesmo assim, obter bons resultados empresariais a curto prazo, mas é provável que essa atitude volte mais tarde.

A prática empresarial sugere que, em algumas situações, não seria de esperar que os trabalhadores partilhassem conhecimentos, uma vez que não existem incentivos económicos, embora isso continue a acontecer. Por exemplo, o facto de os trabalhadores contribuírem para grupos de discussão como indivíduos da equipa não pode ser explicado apenas de uma perspetiva económica racional. As pessoas partilham conhecimentos mesmo que não recebam qualquer valor financeiro direto em troca (Jan, & Michael, 2010). Assim, existem outras motivações de liderança para além da racionalidade económica que podem promover ou inibir o processo de partilha de conhecimentos nas suas organizações. Os colaboradores continuam a desempenhar um papel vital na partilha de conhecimento e, devido a este fator e à sua combinação com aspectos tecnológicos e organizacionais, as iniciativas de gestão falham.

Os contextos organizacionais, tal como uma equipa de trabalho, são disposições organizacionais no âmbito das quais os líderes procuram obter e criar resultados colectivos. Para criar estes resultados colectivos, é necessário que o conhecimento seja partilhado entre os trabalhadores do contexto organizacional e o líder trabalha nesse sentido. Uma vez que a partilha de conhecimentos é necessária para alcançar o resultado coletivo de um contexto organizacional, o líder precisa urgentemente de investigar se a partilha de conhecimentos contribui para este resultado coletivo (Zheng, Yang, & McLean, 2010). Em vez de estimular e estudar os processos de partilha de conhecimentos como fins em si mesmos, os investigadores acreditam que devem criar um ambiente para a obtenção do resultado coletivo. Por conseguinte, para os líderes, seria proveitoso concentrarem-se nas dimensões motivacionais e relacionais da partilha de conhecimentos.

Os resultados colectivos podem ser explícitos, como os grupos de trabalho formais (por exemplo, a produção de produtos ou serviços tangíveis), ou implícitos, como as redes informais e as comunidades de interesse (por exemplo, o desenvolvimento das competências dos trabalhadores através de programas de formação). A diversidade de resultados colectivos resulta numa diversidade de contextos organizacionais diferentes, nos quais o conhecimento é partilhado de forma diferente.

A vantagem competitiva da organização depende da sua capacidade de gerir e utilizar os seus activos empresariais, tangíveis ou intangíveis. Assim, a SC permite às empresas gerir o seu conhecimento organizacional para criar e partilhar novos conhecimentos. A este respeito e para o líder, a gestão de uma organização é uma tarefa diversificada e complexa com muitas torneiras que incluem os recursos humanos, a garantia de qualidade, a gestão do conhecimento e a criação de conhecimento, entre outras. A aquisição desses novos conhecimentos pode promover a inovação e uma nova compreensão da importância da SC para a empresa. O aparecimento desta perceção (efeitos do conhecimento) cria precisamente valor na empresa. Este entendimento pode ser ilustrado na Figura 1.

A figura 1 está mais ou menos aqui

Para os investigadores, a criação de conhecimentos, a partilha de conhecimentos, a aquisição de conhecimentos e, mais importante ainda, a forma como cada um destes elementos pode ser integrado para reforçar e melhorar o desempenho da liderança e a qualidade das operações organizacionais. Na realidade, a decisão dos líderes de implementar um determinado contexto organizacional visa, de facto, proporcionar um ambiente frutuoso para a partilha de conhecimentos. Por exemplo, os líderes podem criar uma equipa para um projeto ou interesse específico nas suas organizações para melhorar a partilha de conhecimentos, uma vez que acreditam que o conhecimento é partilhado mais facilmente nessas equipas. No entanto, a implementação e facilitação de tais esforços não é uma tarefa fácil e as melhorias na partilha de conhecimentos nem sempre se tornaram efectivas. Por conseguinte, é provável que se assuma que não só o contexto organizacional como tal, mas também os esforços motivacionais dos líderes subjacentes determinam se, e como, o conhecimento está a ser partilhado (Matthews, Ryan, & Williams,2011).

As configurações e os formatos dos papéis dos líderes podem influenciar a eficiência da partilha de conhecimentos. Além disso, as expectativas, o estilo de aprendizagem pessoal e a atitude do participante podem influenciar a eficácia da transferência de conhecimentos. O que distingue os líderes dos trabalhadores são os recursos de poder que possuem, o que lhes permite exercer mais influência do que a que podem exercer os trabalhadores. Assim, os líderes melhoram o seu desempenho no âmbito de diferentes opções, mas não se limitam a: melhorar a identidade e a ligação organizacional, alinhar a cultura organizacional com os objectivos de partilha de informações e conhecimentos, desenvolver valores de partilha de informações e conhecimentos, criar incentivos para a partilha de informações e conhecimentos, promover a ultrapassagem de fronteiras, controlar a sobrecarga de informações e melhorar os níveis de confiança dentro e entre unidades, secções e departamentos.

Estes recursos de poder incluem a reputação, o prestígio, a personalidade, o objetivo, o estatuto, o conteúdo da mensagem, as competências interpessoais e de grupo, os comportamentos de dar e receber, a autoridade ou a falta dela, a interação simbólica, a perceção, a motivação, o género, a raça e a religião. Um dos pressupostos era que a partilha de conhecimentos é mais eficaz com níveis crescentes de envolvimento, por exemplo, que os trabalhadores activos incentivam uma maior partilha de conhecimentos (Jan e Michael, 2010). A este respeito, a motivação da gestão deve ser considerada e pode ser um campo para inovações. Uma opção interessante é tornar a informação acessível aos participantes. Esta transparência está em sintonia com o conhecimento moderno.

A tarefa mais essencial da SC é a aplicação do conhecimento. A resolução de problemas de liderança e a decisão de informação tornam o conhecimento mais utilizável e benéfico, caso contrário, o conhecimento é inútil. Para uma organização, o conhecimento tácito e o conhecimento externo contribuem para dar sentido ao conhecimento externo, permitindo que este seja traduzido de uma forma que seja utilizável num processo de tomada de decisão pelo líder da organização. Esta não é uma abordagem/tarefa fácil. Além disso, os líderes podem ter dificuldade em obter esse conhecimento para a resolução de problemas e torná-lo útil, provavelmente dependendo do conhecimento tácito coletivo dos seus empregados (Hung, Durcikova, Lai, & Lin, 2011). Atualmente, as organizações têm de enfrentar tendências como a globalização, a flexibilização e a mobilização dos trabalhadores do conhecimento. A gestão dos trabalhadores tornou-se mais difícil e muitas organizações procuraram uma forma de obter algum nível de controlo.

A criação de conhecimento no seio da organização é considerada uma fonte valiosa para processos criativos difíceis de imitar e para o seu sucesso. A este respeito, é necessária a integração entre TL e diferentes tipos de conhecimento. Ultrapassar as fronteiras da organização é importante para a sobrevivência da organização. Por outras palavras, uma capacidade interna não é suficiente para criar um ambiente de criatividade. De facto, a sua sustentabilidade é vulnerável aos desafios, uma vez que a organização vive num ambiente em constante mudança (Birasnav, Rangnekar, & Dalpati, 2011). A capacitação dos empregados dentro da organização pelos seus líderes é crucial para o processo de criatividade, uma vez que as novas ideias ou invenções podem surgir de um indivíduo ou de muitos empregados na realização das suas tarefas diárias. A invenção de novas ideias ou tarefas pode surgir dos níveis inferiores ou intermédios em diferentes departamentos da organização. É aceite que os trabalhadores têm capacidades e pensamentos diferentes, o que faz parte da natureza do ser humano. Essa diferença nas suas capacidades e conhecimentos é a base para que a sua inovação e criatividade se tornem visíveis. A capacitação dos trabalhadores traduzir-se-á no aumento da sua confiança e dos seus contributos, no bom desempenho das suas funções, na confiança nos seus líderes, no aumento da motivação para a criatividade e na obtenção de um melhor desempenho. Este é um aspeto valioso, com o qual os líderes se devem preocupar (Lengnick-Hall, Beck, & Lengnick-Hall, 2011). Por conseguinte, quando os trabalhadores sentem que a sua organização valoriza a sua contribuição, o seu empenhamento e lealdade aumentam. Isto irá aumentar a partilha de conhecimento entre eles, e os seus líderes irão melhorar a rede para uma melhor transformação da informação ou do conhecimento. Quando as expectativas de criatividade são o resultado da compreensão entre os colaboradores e a sua organização, da transformação e partilha de conhecimentos entre eles, e da melhoria da rede de comunicação, então é de esperar que a influência da liderança seja essencial e significativa (Kesting, & Ulhoi, 2010). Em geral e a partir da discussão acima, pode-se concluir que os factores que motivam a criatividade são: O empenhamento dos trabalhadores, o trabalho com os colegas, o trabalho sob pressão, a flexibilidade no trabalho, a experiência e os conhecimentos dos trabalhadores, a diversidade no trabalho, a eficiência e a eficácia, a confiança dos trabalhadores, a eficiência e a eficácia, o ambiente amigável. A liderança transformacional pode aumentar a criatividade dos trabalhadores através da escuta aberta das novas ideias dos trabalhadores, da integração dos conhecimentos de uma forma criativa, do desafio às ideias dos outros e da diversificação do grupo.

A partir da discussão acima, pode-se concluir que a liderança é um ativo fundamental para a organização ser competitiva, uma vez que orienta a intenção dos funcionários, a tecnologia, a estratégia da organização, de uma forma eficaz para implementar e incentivar a criatividade para o desenvolvimento e o sucesso.

Capítulo 3. Utilização das tecnologias da informação e da comunicação

Em qualquer organização, o comportamento dos líderes na sua organização é o de estimular a criatividade dos seus empregados, encorajando-os, reforçando-os e promovendo-os no seu pensamento exploratório e nos seus desafios. A este respeito, os líderes estão a motivar, proporcionar e encorajar os seus empregados a generalizar novas ideias para alcançar a missão e as visões da organização. Como a criatividade está a impulsionar o sucesso da organização, a liderança transformacional (LT) é o catalisador da criatividade organizacional (Ahmad et. al., 2010). Uma vez que a criatividade e as iniciativas dos colaboradores são a base de qualquer rentabilidade da organização, é crucial compreender a forma de liderança e o seu efeito nas iniciativas desses colaboradores. Independentemente do tipo de liderança, o significado de TL que convém à nossa investigação é, o local de trabalho, o encorajamento, a aceitação da gestão do risco, o desafio e as inspirações (Lizano, 2015). Assim, a liderança TL maximizará as expectativas dos seus colaboradores, estimulando as suas capacidades intelectuais.

A tecnologia é um poderoso facilitador do sucesso da SC. A Tecnologia da Informação (TI) facilita a pesquisa rápida, o acesso à informação, a cooperação e a comunicação entre os membros da organização (Crossan, & Apaydin, 2010). Os investigadores acreditam que qualquer gestão deve alinhar a SC, as TI e o desenvolvimento empresarial na sua hierarquia organizacional, uma vez que estes departamentos/variáveis se encontram frequentemente em diferentes partes das suas hierarquias. A gestão de pequenas empresas tem assistido ao surgimento de interesse na SC e à sua adoção no comércio eletrónico. No entanto, essas implementações têm-se baseado numa visão ultrapassada do processamento do conhecimento relacionado com o modelo empresarial.

O papel das tecnologias da informação e da comunicação no aumento da produtividade e da eficiência é evidente na competitividade. A SC e as empresas precisam de integrar as suas actividades, os seus sistemas e as suas percepções de sucesso. A literatura menciona uma vasta gama de factores que podem influenciar o êxito da implementação da SC. Por exemplo, muito tem sido dito sobre cultura, tecnologia da informação e liderança como considerações importantes para a sua realização (Weichun, et.al, 2011). Ao delinear a importância da SC para as decisões estratégicas, identificámos os défices típicos na gestão dos activos de conhecimento organizacional e as possíveis exigências dos sistemas de informação de apoio à SC, com especial atenção à classificação da informação semi-estruturada. É muito mais sensato compreender primeiro os conceitos da SC e depois tentar explorar todos os meios existentes na empresa para melhorar a sua prática comercial quotidiana de acordo com a filosofia geral da SC. As TI podem permitir a pesquisa, o acesso e a recuperação rápidos da informação e podem apoiar a colaboração e a comunicação entre os membros da organização. Na sua essência, pode certamente desempenhar uma variedade de papéis para apoiar os processos de SC de uma organização (Ahmad, et. al., 2011).

Dado que o cibercomércio abre várias oportunidades e aumenta a produtividade, o seu desenvolvimento foi intensificado através da criação das infra-estruturas essenciais. A capacidade de resolver os problemas dos clientes resulta do conhecimento que os empregados têm dos seus clientes e das actividades dos seus clientes. A convicção dos investigadores é que a SC é apenas um nível de gestão empresarial ou uma melhor forma de gestão empresarial. O sector privado deveria estar mais preocupado em beneficiar destas mudanças através das transacções em linha entre empresas e entre empresas e consumidores. Com a crescente rapidez e dinâmica do ambiente empresarial, os pressupostos estáticos incorporados nos sistemas de conhecimento e informação tornam-se vulneráveis (Muhammad, 2012).

A crescente consciencialização de tais defeitos está na origem do interesse cada vez maior em conceber sistemas de informação que tenham em conta a informação em mudança dinâmica. O pessoal das TI tende a apoiar os aspectos tecnológicos da empresa e a gestão apoia a estratégia da empresa, devendo trabalhar em conjunto para a implementação do SC (Tsai, & Li, 2007), a fim de identificar as formas mais eficazes de extrair dados e informações da sua fonte.

A rápida evolução da ciência e da tecnologia, que provocou mudanças generalizadas em muitos domínios diferentes, desafiou os gestores das organizações. Assim, para sobreviverem e competirem em situações dinâmicas e imprevisíveis, têm de rever as suas políticas e os seus estilos de liderança na direção certa (Alireza, et. al., 2010). A tecnologia informática estabeleceu-se como uma ferramenta muito importante para a troca de informações entre as pessoas; o conhecimento é altamente dependente da nossa experiência, crenças e valores.

As agendas empresariais têm reconhecido as potenciais vantagens da SC para as organizações e, por isso, avançam no investimento para a implementação de tecnologias de informação, de forma a facilitar e melhorar a competência, mesmo fora das suas instalações tradicionais. A tecnologia é um facilitador ou um potenciador que requer uma análise sistemática das metas e objectivos (Haslindar, & Fazilah, 2010). A maioria dos países desenvolvidos reconheceu a TI como um motor para implementar a SC para uma sociedade baseada no conhecimento. A maioria dos países desenvolvidos reconheceu as TI como um motor de mudança e uma ferramenta para libertar a capacidade individual e revelar o conhecimento tácito. A tecnologia tem uma dimensão cultural. Singh (2008) considera que o facto de se ter consciência das diferenças culturais na tecnologia pode ajudar os formadores e os professores a conceberem materiais de conhecimento mais sensíveis do ponto de vista cultural. Por conseguinte, é necessário que as organizações flexíveis sejam capazes e estejam habilitadas a resolver problemas de TI empresariais para a plena satisfação do cliente. A convicção dos investigadores é que as abordagens organizacionais tradicionais não são suficientes para melhorar a adaptabilidade, a flexibilidade e a capacidade de resposta acima referidas e, por último, mas não menos importante, a capacidade de inovação.

Capítulo 4. Liderança e apoio à criatividade

No mundo dos negócios, a criatividade é necessária e um importante fator de inovação e sucesso da organização. Esta compreensão desempenha um papel fundamental no sucesso, na eficácia e na vantagem competitiva das organizações. Mas as mudanças contínuas no ambiente empresarial exigem, a longo prazo, novas formas de gerir a organização e de lidar com essas mudanças, o que é necessário para formas inovadoras de gerir o negócio. Assim, para muitas organizações, a criatividade é considerada um objetivo importante por ter uma influência potencial no desempenho organizacional. Os líderes que possuem as competências e os conhecimentos necessários para encorajar os seus empregados a serem criativos não são propensos nem estão longe de levar as suas organizações à fase de reestruturação ou de redução de efectivos, numa tentativa de resolver problemas e de trabalhar para evitar a necessidade de tais circunstâncias (Susan, & Stefanie, 2011).

Na maioria das organizações, os esforços organizacionais de melhoria do desempenho incluem o desenvolvimento de recursos humanos, programas de melhoria da qualidade, reengenharia e tecnologia de desempenho. Esses programas são usados para identificar os principais processos de negócios de uma organização e como eles se conectam a entradas e saídas básicas. Partindo do princípio de que os colaboradores da organização já participam no processo do plano de melhoria do desempenho, o formato e as expectativas dessa ação devem permitir que a direção e os colaboradores comuniquem com maior clareza sobre as expectativas específicas, como forma de atingir o nível de desempenho desejado. Numa empresa, as pessoas na gestão e supervisão desempenham um papel fundamental na melhoria do nível de desempenho e a organização como um todo deve estar totalmente alinhada estrategicamente com estes objectivos (Zeynep, & Huckman, 2008).

À medida que as organizações continuam a aprender, a adquirir conhecimentos e a partilhá-los, o desejo da gestão é ser proactiva em vez de reactiva a potenciais problemas, e já não procurar cumprir os requisitos regulamentares. Isto permitirá à gestão atingir novos níveis de desempenho, talvez poupando tempo e custos no processo. A experiência recente mostra que a maioria das organizações atingiu um nível relativamente elevado na criação de um processo de partilha de conhecimentos e no desenvolvimento de ferramentas quando são identificadas oportunidades ou quando existem lacunas no local de trabalho (Wong, 2005). Por conseguinte, os trabalhadores têm de compreender por que razão a mudança está a ter lugar e o que se espera de uma cultura de acolhimento da adoção de mudanças para melhorar o desempenho.

O conceito de criatividade na organização não surge de repente. Tal entendimento requer uma direção e poder por parte dos líderes para aproveitar a implementação de tal conceito/entendimento dentro da sua organização. O que é exigido a esses líderes é o controlo dos esforços, a criação de uma cultura de criatividade e a transformação do processo de criatividade de forma eficaz e eficiente para a sua concretização. Procurando obter vantagens competitivas, a liderança considerou a cultura, a estratégia, a inspiração dos colaboradores, a tecnologia e a sustentabilidade necessária a longo prazo, como aspectos vitais para o sucesso da organização, e essa liderança torna-se uma fonte e crucial para um ambiente de compatibilidade. Assim, as organizações têm de proceder à contratação da liderança correta que esteja interessada na criatividade no local necessário. De outra forma, estão a sufocar o processo de criatividade na sua organização. Com a autoridade, a responsabilidade e as capacidades da liderança, a organização é capaz de liderar o processo de criatividade. Como são profissionais, devem ter a capacidade de explorar qualquer oportunidade de desenvolvimento; caso contrário, se os líderes forem ambiciosos e demonstrarem atitudes reactivas em vez de proactivas, estão a impedir o sucesso e o processo de criatividade na sua organização A liderança tem de convencer os funcionários de que estão a beneficiar com outras ferramentas da sua mudança cultural organizacional (Packard, et.al., 2015).

Os líderes que trabalham em organizações que têm o comando e o controlo, atribuem recursos e dão menos poder aos empregados, e essas organizações têm menos sucesso nos seus negócios. Nessas organizações, os empregados acreditam que todos os resultados são, em última análise, da responsabilidade de todos, como um trabalho de equipa, e que o processo organizacional funciona sem problemas. Quando as organizações trabalham num ambiente em que os líderes não estendem a sua autoridade e vontade, a capacitação dos empregados será criativa e produtiva. A este respeito, temos de compreender que os líderes não atingiram os objectivos organizacionais ou criaram a criatividade sozinhos, mas sim incentivando o envolvimento dos empregados com as suas competências e conhecimentos. Esse esforço transformará e levará a sua organização à grandeza e ao sucesso

Em qualquer organização, a oportunidade de liderança deve existir a todos os níveis da organização, e não confinar-se apenas ao topo da organização, de facto, tal organização não sobreviverá no futuro, porque não há nenhum indivíduo sozinho capaz de ter tempo, competências, ideias, conhecimentos e de lidar com todas as tarefas da liderança. A organização deve beneficiar da criatividade dos seus colaboradores e aproveitar ou controlar as suas capacidades de liderança. Este é o novo entendimento da liderança contemporânea. É a capacidade de liderança para capacitar os colaboradores e inspirá-los que induz uma grande influência na organização (Carmeli, Gelbard, & Gefen, 2010).

As organizações vivem agora numa era baseada no conhecimento e é necessário que os funcionários partilhem a experiência de servir como líderes, partilhem conhecimentos, aspirações e valores, lealdade, empenho e trabalhem em equipa ou como uma família para trazerem sucesso à sua organização (Lunenburg, 2011). Com esta consistência dentro da organização, os funcionários têm tempo para pensar, optimizando a sua criatividade, melhorando o seu desempenho e libertando-se da dependência sufocante da gestão de topo/líder. Argumentos como o de que o sucesso de uma organização pode ser alcançado através da dependência da colaboração dos funcionários, de múltiplas fontes de liderança a todos os níveis organizacionais, em vez da dependência da liderança de comando e controlo, podem ser aceitáveis nas empresas actuais. Neste ambiente saudável, a organização constrói e incentiva a confiança, a autoestima, o otimismo e a confiança dos colaboradores, torna-se vibrante e não sufoca a criatividade com uma liderança eficaz. Através da afetação dos recursos disponíveis, tais como apoio financeiro, informação, tempo, conceção de grupos de trabalho, ou qualquer apoio logístico, os líderes podem fomentar a criatividade dos colaboradores nas suas organizações (Cottrill, Lopez, & Hoffman, 2014).

A criatividade necessita de um ambiente empresarial que demonstre e incube novas formas criativas na organização, e tem um papel crucial para a sobrevivência da organização através da penetração no mercado, uma vez que a criatividade se refere à geração de ideias para o desenvolvimento a longo prazo. Assim, a criatividade neste contexto refere-se aos empregados envolvidos neste processo e à cultura organizacional que facilita e sustenta a criatividade. Nesse ambiente, os funcionários estão a fornecer novas ideias que representam uma possibilidade de melhorar as imagens organizacionais nos mercados ou na sociedade, além de criar uma melhor comunicação e o compromisso dos funcionários em todos os níveis da organização (McBeath, et.al, 2015). O avanço da rede de comunicação dentro da organização está a melhorar a criatividade, devido à acumulação de conhecimentos, partilha e desenvolvimento de ideias entre os colaboradores. Embora a inovação não seja realmente o foco deste estudo, a inovação precisa de criatividade, mas a criatividade não leva necessariamente à inovação, e a criatividade dos funcionários induz uma contribuição fundamental para a inovação organizacional, a eficácia, o fornecimento de novas soluções e possibilidades que beneficiam o aprimoramento organizacional e a sobrevivência a longo prazo. Para que haja criatividade, os trabalhadores devem estar dispostos e ser capazes de ser criativos. A este respeito, a sua experiência, diversidade de conhecimentos, competências, perspetiva e motivação são necessariamente geradoras de ideias, melhores soluções e desempenho criativo (Hyypia, & Parjanen, 2013). Esta visão criativa é provavelmente o resultado da diversidade dentro da organização, especificamente funcionários com diferentes atributos e perspectivas.

Ao criar e incentivar um ambiente de criatividade ou uma cultura dentro da organização através de um líder transformacional, é provável que os funcionários respondam a qualquer desafio exibindo mais criatividade e auto-eficácia devido ao apoio dos seus líderes. Este ambiente, apoiado pela ligação emocional dos líderes, motivá-los-á para mais iniciativas, ideias e soluções nas suas tarefas (Packard, & Jones, 2015). Este carisma do líder, encorajando a inspiração da criatividade, o comportamento dos indivíduos e estimulando as capacidades intelectuais dos funcionários, está principalmente por detrás do sucesso dos líderes transformacionais e da criação de expectativas nas suas organizações.

Capítulo 5. Sustentar a Criatividade: Percepções e Dimensões

A criatividade dentro das organizações depende da vontade dos colaboradores em sugerir e inventar novas ideias, e da capacidade da liderança em fomentar tais iniciativas de forma eficaz, interpretando tal orientação através das suas crenças, valores, e adaptando-se para harmonizar os comportamentos com as metas e objectivos organizacionais (Nkomo, & Hoobler, 2014).

Estes comportamentos de liderança reforçam a confiança e as relações fortes com os seus empregados, não os escondem e criam um ambiente de trabalho saudável. Os trabalhadores consideram os seus líderes como apoiantes das suas ideias e esta situação reflecte a atmosfera de criatividade. De facto, existe uma transparência relacional entre eles.

O ambiente organizacional é a base e o terreno para estabelecer e plantar um clima criativo no local de trabalho. A sustentabilidade do desempenho criativo dos trabalhadores necessita de apoio logístico a ser concebido e atribuído a todos os níveis da organização. Os comportamentos dessas chefias reforçam a confiança e as relações fortes com os seus empregados, não os escondem e criam um ambiente de trabalho saudável. Os trabalhadores sentem então os seus líderes como apoiantes das suas ideias e esta situação reflecte a atmosfera de criatividade. De facto, existe uma transparência relacional entre eles.

O ambiente organizacional é a base e o terreno para estabelecer e plantar um clima criativo no local de trabalho. A sustentabilidade do desempenho criativo dos empregados necessita de apoio logístico a ser concebido e atribuído a todos os níveis da organização. Assim, os trabalhadores são livres e não têm medo de exprimir as suas ideias. Este tipo de clima é estimulante para os trabalhadores e estimula o comportamento criativo (Kerman, et.al, 2012). Em qualquer organização, os trabalhadores podem sugerir ideias não convencionais e opiniões contraditórias, desde que sejam livres de expressar as suas ideias. Nesta fase, a liderança responde expressando o feedback construtivo e as correcções de uma forma desenvolvimentista e com um comportamento respeitável. Isto aumentará o respeito e a confiança dos empregados na sua liderança e induzi-los-á a criar sugestões inovadoras e soluções práticas. Para Morrison, & Arthur, (2013), os empregados não terão medo de punições e esse controlo situacional mais elevado aumentará o nível de criatividade e diminuirá o nível de mudanças, tomando iniciativas à medida que se apercebem de que os comportamentos proactivos e o empenho dos seus líderes são para um desenvolvimento positivo.

Embora algumas organizações tenham atingido um nível respeitável de desempenho na realização das suas actividades, isso não aconteceu sem muita aprendizagem e ajustamento da sua abordagem e percepções. Mas, ao mesmo tempo, as organizações aprenderam que os requisitos comerciais e regulamentares podem não ser suficientes para alcançar um nível superior de desempenho (Nonaka e Toyama, 2005). Os gestores sabiam que o processo é importante. Mas o que eles precisam é de uma estrutura sob a forma de requisitos e normas regulamentares para monitorizar e medir o desempenho nas suas organizações. Assim, os gestores precisam de saber se têm um equilíbrio adequado entre as pessoas e o processo através da implementação de tecnologia, equipamento, procedimentos e políticas e formação no local de trabalho, mas a maior melhoria resulta dos empregados.

Os gestores sabiam que o processo é importante. Mas o que precisam é de uma estrutura sob a forma de requisitos e normas regulamentares para monitorizar e medir o desempenho das suas organizações. Assim, os gestores precisam de saber se têm um equilíbrio adequado entre as pessoas e o processo através da implementação de tecnologia, equipamento, procedimentos e políticas e formação no local de trabalho, mas a maior melhoria vem como resultado dos empregados.

A organização pode tentar melhorar o processo de trabalho através da motivação dos seus empregados, para criar uma nova cultura de trabalho que promova a melhoria do desempenho do indivíduo, da equipa e da organização. Afinal de contas, a cultura de trabalho que a gestão procura é simplesmente o conjunto destes valores e objectivos partilhados e as capacidades, atitudes e comportamentos desejados que a organização necessita para os alcançar. A criação desta nova cultura é a chave para o sucesso sustentado.

A organização pode tentar melhorar o processo de trabalho através da motivação dos seus empregados, para criar uma nova cultura de trabalho que promova a melhoria do desempenho do indivíduo, da equipa e da organização. Afinal de contas, a cultura de trabalho que a gestão procura é simplesmente o conjunto destes valores e objectivos partilhados e as capacidades, atitudes e comportamentos desejados que a organização necessita para os alcançar. A criação desta nova cultura é a chave para o sucesso sustentado.

Para melhorar as imagens internas da organização entre os colaboradores, os líderes estão atentos a quaisquer passos ou comportamentos da sua parte que modifiquem as atitudes e as actividades criativas benéficas desses colaboradores, na medida em que a criatividade pode ser afetada e influenciada pelas suas caraterísticas de liderança (Follesdal, & Hagtvet, 2013). A liderança tem um papel crucial na promoção do ambiente de criatividade através das atitudes dos funcionários, aumentando a perceção de apoio com os funcionários, e traços. O comportamento exigido da liderança é considerar a complexidade do ambiente organizacional e, ao mesmo tempo, incentivar a partilha de conhecimentos entre os colaboradores.

A criatividade dos trabalhadores pode ser reforçada através da supervisão de apoio da LA, facilitando o desenvolvimento das suas competências e mostrando-lhes formas de atingir os objectivos no âmbito das suas tarefas. Com esse reconhecimento, é provável que façam o seu trabalho de forma eficaz e eficiente. Dar poder psicológico aos trabalhadores, que é outra fonte de criatividade, irá energizá-los com estímulos intelectuais para explorarem diferentes dimensões das suas tarefas e é mais provável que apresentem um comportamento criativo. Este comportamento de liderança proporciona autonomia pessoal aos trabalhadores e pode aumentar as suas realizações, aumenta a auto-confiança dos trabalhadores e eleva o seu desenvolvimento pessoal quando este comportamento se torna uma cultura organizacional a todos os níveis de gestão, o que, por sua vez, leva a dar significado e desafio ao seu trabalho (Iachini, Cross, & Freedman, 2015). Assim, a criatividade dos funcionários será afetada por tais caraterísticas do clima de suas organizações. Um ambiente de trabalho que afecte as percepções dos colaboradores, que aceite e encoraje a assunção de riscos, e com os recursos organizacionais que são alocados para apoiar a criatividade TL pode afetar o comportamento criativo, um clima de apoio à criatividade e a melhoria do desempenho dos colaboradores.

Para Selden, & Sowa, (2015), deve existir uma relação positiva entre o TL e o clima organizacional. Essa supervisão de apoio do TL é um determinante entre muitos para incentivar a criatividade e o interesse dos funcionários em suas tarefas dentro da organização. Este tipo de liderança de apoio e de criatividade inspiradora é suscetível de aumentar o desenvolvimento de competências e os desafios dos trabalhadores, o entusiasmo e o significado que os trabalhadores atribuem ao seu desempenho e a vontade de se concentrarem no seu trabalho. Neste contexto, a tendência organizacional para a criatividade é a realização dos seus objectivos de valor, e o seu sucesso no mercado, na sociedade e na economia (Lindberg, & Meredith, (2012).

A organização deve encarar a melhoria do desempenho como um processo que requer um plano claro para melhorar o desempenho e abordar os requisitos de recursos para permitir que este processo seja bem sucedido. Este processo exige uma mudança na cultura de trabalho e um empenhamento total, desde o topo da organização até aos níveis mais baixos, para executar este plano de melhoria do desempenho.

Os trabalhadores são a fonte e o alicerce fundamental da criatividade organizacional. Esses colaboradores desenvolvem os planos adequados para a implementação e execução das suas ideias e têm maior probabilidade de encontrar soluções. Além disso, cria um efeito de arrastamento que serve toda a organização (Ladkin, & Taylor, 2010). Neste sentido, o TL pode trazer mudanças significativas para o desempenho dos trabalhadores. Como os Emirados Árabes Unidos são um país em desenvolvimento, os empregos exigem uma capacidade intelectual e tornaram-se complexos. Por conseguinte, para manter um desempenho eficaz e o progresso como um processo contínuo, as organizações precisam de qualidade de liderança, encorajando a criatividade, bem como a participação dos trabalhadores na declaração da sua atenção para o sucesso da organização. A construção do empenhamento organizacional é uma forma de promover o TL, a lealdade dos trabalhadores, o seu empenhamento e a declaração da sua atenção para sustentar o desenvolvimento.

Esta existência de conetividade está a aumentar a satisfação no trabalho, a eficiência e o comportamento dos trabalhadores. A criação de climas favoráveis ao desenvolvimento da criatividade na organização incita os trabalhadores a criarem novas ideias e soluções fundamentais para os problemas. A liderança transformacional pode, então, ser direcionada para que os funcionários atinjam um desempenho superior face às exigências de renovação e transformação. A atenção é então para construir confiança e respeito para motivar os seus funcionários a exceder as expectativas (Thamrin, 2012), também mais esforços para aumentar a criatividade, a quantidade de energia e o compromisso organizacional ao iniciar uma tarefa e em circunstâncias imprevisíveis desafiadoras. Idealmente, o que é necessário é uma liderança com excelentes comunicações da sua capacidade de visão e imaginação, confiança e capacidade de trabalhar com os funcionários e gerar entusiasmo e inspiração para isso.

De facto, o que é necessário é um programa de melhoria da gestão que defenda a simplificação, a racionalização, a clareza e a responsabilização, evitando a rigidez e até a burocracia, e sem violar os preceitos fundamentais da própria gestão. O objetivo é acrescentar valor.

A partir da discussão acima, podemos concluir que para melhorar os desempenhos, quer melhorando o atributo medido através da utilização mais eficaz da plataforma de desempenho, quer melhorando o atributo medido através da modificação da plataforma de desempenho, o que, por sua vez, permite que um determinado nível de utilização seja mais eficaz na produção do resultado desejado.

É improvável que a entrega dos produtos e serviços da organização seja melhorada sem o verdadeiro envolvimento do empregado que está motivado, disposto a partilhar conhecimentos, a aplicar novas ideias e a assumir a responsabilidade de reduzir os riscos calculados. A função de apoiar a melhoria do desempenho deve ser claramente atribuída a todos os níveis da estrutura organizacional. O objetivo e os comportamentos dos funcionários para alcançar a melhoria do desempenho devem ser aplicados de forma consistente. Assim, é importante que todos os departamentos da organização se entendam através da consistência na execução das tarefas atribuídas e do que se deve esperar relativamente à melhoria do desempenho.

Uma gestão bem sucedida dos trabalhadores deve envolver uma série de decisões críticas. Estas incluem a vontade de contribuir com ideias e de partilhar ideias diferentes, de ser um jogador de equipa, de confiar nos outros membros da equipa, de cumprir as tarefas e a vontade de identificar as funções necessárias para apoiar a tarefa de uma equipa e de determinar a dimensão da equipa. Até à data, não existe uma definição das caraterísticas que fazem uma boa equipa. No passado, presumia-se que os gestores sabiam tudo o que se passava. Agora, os gestores sentem que estão a ser ignorados porque os sítios Web estão a gerar uma grande quantidade de informação através da comunicação lateral. Apesar das diferenças de opinião, há várias questões que parecem ser comuns a todas as definições.

A organização e os gestores devem estar conscientes das medidas que podem tomar para criar coesão. A compreensão mútua é essencial para o trabalho em equipa. A questão é como revelar as capacidades potenciais dos membros, como atualizar o seu poder e como utilizá-las para aumentar os pontos fortes da equipa e compensar as suas fraquezas. Por outras palavras, todas as equipas desenvolvem um conjunto de valores e normas ao longo do tempo. É essencial que a estrutura de funções permita à equipa lidar eficazmente com as exigências das tarefas.

O investigador acredita que a função do chefe de grupo é encorajar os trabalhadores a ganharem a confiança dos outros no seu grupo e, em seguida, mostrar-lhes como isso se pode traduzir num maior empenhamento, maior criatividade, maior satisfação profissional e desempenho. Na gestão do trabalho em equipa, é praticamente impossível criar confiança se os membros da equipa não forem íntegros na sua gestão. Se a unidade for perturbada por uma relação difícil de discórdia, a equipa não terá o benefício de atingir os seus objectivos.

Capítulo 6. A natureza da confiança e o pensamento de liderança

A confiança é um elemento intangível que influencia a lealdade, a produtividade, a retenção, o empenhamento e a saúde dos trabalhadores (Nie, & Lamsa, 2015). Por outras palavras, a confiança é a crença de um indivíduo quando os outros se comprometem num comportamento honesto sem tirar vantagens quando a oportunidade é dada. O sucesso de uma empresa não depende apenas do nível de cooperação entre os trabalhadores dos diferentes departamentos, mas também do mecanismo de poder de coordenação viável estabelecido no âmbito do acordo de cooperação. Assim, é necessário criar conjuntos únicos de recursos para garantir o sucesso sustentável da empresa. Esta contribuição da cooperação para o desempenho deve ser considerada como um processo contínuo e de longo prazo. Estas relações de cooperação tornam-se um empreendimento arriscado em caso de contradição entre os departamentos para alcançar o trabalho ou os resultados exigidos. Mas essa contradição pode ser eliminada através da experiência prática nas relações de cooperação entre empresas.

Na teoria da aprendizagem organizacional, as empresas desenvolvem a sua capacidade de gerir um trabalho complexo através da extração de inferências a partir da sua experiência adquirida e da sua extrapolação para situações futuras, de modo a obter melhorias no seu comportamento. Estas competências crescem com a experiência da sua gestão e com a experiência adquirida na relação da empresa com os seus trabalhadores (Rachid, 2010) e, nesse entendimento, ambas as partes decidirão a sua própria comunicação de forma credível. Isto, por sua vez, reforça as expectativas iniciais e justifica actos adicionais da gestão e dos trabalhadores na criação de confiança no ambiente de trabalho. Como resultado, a relação de confiança evolui. Por conseguinte, não é apenas a experiência da empresa, mas também a coordenação e o mecanismo comportamental no seio destas empresas que fazem com que o processo de criação de confiança seja bem sucedido. Neste contexto, a confiança não é considerada uma alternativa devido às suas raízes institucionais, que impedem qualquer comportamento não racional por parte da administração e dos trabalhadores, e, com esta visão, reforçam o papel crucial e o fenómeno da confiança no pensamento económico. De facto, a capacidade de manter tais relações reforçará a posição destas empresas no mercado e na economia. No entanto, o papel da confiança no contexto económico não é o objeto da presente investigação.

As preocupações com a criação de confiança restringirão a inclinação da direção e dos trabalhadores para qualquer comportamento possível, reduzindo os riscos e as incertezas, a traição pode ser parcialmente absorvida e a criação de confiança e a prevenção de dilemas na empresa. Ambos os parceiros (trabalhadores e direção) irão melhorar a interação e eliminar qualquer incerteza comportamental. Quando estas duas partes se comprometem uma com a outra de forma cooperativa, podemos assumir que foi estabelecida uma relação de confiança entre elas. A construção e manutenção de tais relações de confiança entre ambos os parceiros permite-lhes lidar com a incerteza comportamental nas suas empresas (Kevin, et.al, 2012). Assim, os gestores são capazes de capitalizar oportunidades para reduzir a concorrência com os seus rivais e, com este efeito positivo da confiança, as empresas aumentarão as suas vantagens competitivas e melhorarão o desempenho dos funcionários. A competência de gestão a este respeito, através da construção de uma relação pessoal e do auto-empenhamento, é necessária para lidar com a incerteza comportamental e tentar criar confiança utilizando os recursos disponíveis da empresa, o que afecta positivamente os empregados e o seu desempenho empresarial. Assim, a confiança mútua entre parceiros pode ser alcançada quando o empenho e a interação dos parceiros evoluem nesse sentido.

A troca de opiniões entre a direção e os trabalhadores através do sistema de portas abertas, a transparência e a qualidade da comunicação são cruciais para criar confiança. Neste sentido, ambas as partes estão dispostas a procurar a oportunidade de exprimir ideias para salvaguardar os seus interesses. Com este tipo de interação, todos os participantes contribuem de forma positiva. A este respeito, a confiança é alcançada na medida em que os parceiros fornecem essa visão e lidam uns com os outros de forma aberta e honesta. Cada parte é capaz de avaliar a situação e está bem informada sobre o que a outra parte sente. Por conseguinte, a precisão na criação de uma relação de confiança, a cooperação evoluirá e a intensidade da relação aumentará automaticamente. Embora a experiência de cooperação contribua para o desempenho da empresa, a contribuição da direção para o sucesso é significativamente mais elevada no que se refere à conquista da confiança. Mais uma vez, a gestão com mais experiência de cooperação é mais bem sucedida na criação de confiança (Yan, Ming-yun, & Yun-hui, 2015). Assim, na medida em que estas empresas são capazes de gerir e manter relações de cooperação com os seus trabalhadores, o seu desempenho é melhor.

Do ponto de vista organizacional, a indicação de um maior sucesso da empresa deve-se, em parte, à construção de uma relação contínua entre ambos os parceiros de uma forma sistemática e como um processo contínuo, o que alargará o negócio da empresa e a sua carteira estratégica (Kong, Chen & Zhuang 2015). O contraste com a constante mudança de atitude dos parceiros não está a contribuir para o desempenho exigido. De facto, o contraste significa que as empresas não têm experiência de cooperação para obter um desempenho positivo dos trabalhadores ou uma confiança mais forte. Neste contexto, como mencionámos anteriormente, a confiança não se baseia em recursos para alcançar uma possível variável para o desenvolvimento de vantagens competitivas. Isto significa que, quando a gestão não consegue criar uma cooperação com os trabalhadores ou não pode ser coordenada de outra forma, espera-se que a situação evolua para a complexidade e a incerteza. Por outras palavras, o que é necessário é a qualidade da relação de cooperação, e não a quantidade de experiência da empresa e a intensidade das relações criadas pela gestão que contribuem para o sucesso futuro.

Para reduzir os desafios da empresa, a direção deve estar consciente da necessidade de melhorar a coordenação entre os seus trabalhadores, por um lado, e a sua direção, por outro, numa tentativa de aumentar o desempenho e a intersecção de ideias. Com a qualidade da experiência de cooperação, as empresas são capazes de construir e manter uma gestão eficaz da incerteza e do comportamento não aceite dos trabalhadores no âmbito dessa relação de cooperação . Tais desafios para a relação de coordenação da empresa podem aumentar a incerteza e a complexidade do trabalho e a confiança pode não ser considerada uma prioridade durante um período de tempo e são necessários recursos mais valiosos (Steven, Bruce, & Fred, 2010). Assim, um maior acordo de cooperação por parte da direção baseia-se na maximização da confiança e pode ser mais bem sucedido para aumentar o seu desempenho.

No seio da empresa, a direção deve encorajar os trabalhadores dispostos a empenhar-se numa relação positiva nessa medida. O auto-empenhamento através de uma comunicação de qualidade criará confiança e será considerado como um salto de fé e um passo em frente.

A construção de relações duradouras entre a direção e os trabalhadores num ambiente de trabalho saudável desenvolver-se-á com o tempo e deve ser considerada uma estratégia a longo prazo. Estes conceitos encorajarão o estabelecimento de um pensamento e de uma reputação positivos entre ambas as partes. Além disso, os trabalhadores estarão dispostos a tomar iniciativas e a aceitar riscos, reduzindo assim as frustrações. O que é necessário é uma confiança para melhorar o desempenho das empresas por parte dos trabalhadores e não considerada como uma intervenção de gestão a curto prazo, mas uma predisposição subjacente às decisões e acções dos empresários como uma chave para alcançar a vantagem competitiva e a qualidade do desempenho a longo prazo (Michael, & Francis, 2011).

O ponto de vista da confiança neste estudo é visto como relações interpessoais e uma perspetiva racional. A confiança permite que os trabalhadores trabalhem em conjunto e criem interação social e integridade no ambiente da empresa. Neste ambiente, a comunicação efectiva é essencial para o crescimento e a inovação da empresa.

A partir da discussão acima, podemos resumir que as principais variáveis para incentivar a confiança entre a empresa e os trabalhadores são: Comportamento cultural da organização, Comunicação eficaz, Reduzir a ambiguidade da mudança, Abertura e frontalidade com os colaboradores, Capacidade do líder para inspirar os colaboradores, Alinhamento das palavras e acções da gestão, Encorajar em vez de comandar, Competência do líder/gestão, Assumir a culpa mas dar o crédito (Robert, William, & Daniel, 2010).

Capítulo 7. O Impacto da Confiança no Desempenho Organizacional

A confiança pode ser considerada como um conceito num ambiente que permite à empresa trabalhar. Este ambiente no contexto empresarial pressupõe que os trabalhadores e a direção da empresa têm a mesma mensagem e o mesmo interesse em mente. De facto, a confiança cria um entendimento positivo entre ambas as partes em termos de boas relações, os trabalhadores aceitam as críticas da sua direção, o interesse mútuo e um sentimento de confiança (Gnihotri, & Krush, 2015).

A maioria dos trabalhadores preferiu que a sua direção se antecipasse na escuta dos seus pontos de vista e encorajasse uma ação como reação. Esta atenção da direção representa um reconhecimento dos sentimentos e das iniciativas dos trabalhadores.

A criação de confiança é um comportamento proactivo da gestão que visa criar um ambiente amigável, especialmente entre os trabalhadores que têm uma cultura diferente e existe diversidade. Nesse sentido, a direção/gestão está a tentar melhorar o processo de comunicação e a reforçar a confiança (Lu, 2014).

Neste contexto, os trabalhadores reconhecem o que a direção quer ouvir e quais as suas expectativas. Este tipo de comunicação incentiva os gestores a delegarem trabalho e tarefas aos seus empregados e, ao mesmo tempo, faz progredir as competências e a compreensão dos empregados e a gestão do que eles querem ser. Assim, a criação de confiança é o ambiente aceite onde todos os empregados aceitam trabalhar. Quando a direção se concentra no progresso do trabalho, os gestores podem culpar o empregado, mas dão-lhe crédito. Trata-se de um comportamento de aceitação por parte dos trabalhadores, em vez de ser considerado como um sentimento de fracasso (Jacqueline, 2012). Por outras palavras, os gestores encorajam a construção de uma relação de confiança com os trabalhadores com base nos seus pontos fortes e aptidões, em vez de a construírem com base nas suas fraquezas. Além disso, a direção concentra-se no que os trabalhadores podem fazer e não no que não podem fazer.

A criação de um clima de confiança entre a direção e os trabalhadores significa criar uma comunicação eficaz, trabalho de equipa, moral e diminuição do volume de negócios. Este ambiente será construído com base na confiança dos trabalhadores na sua gestão, um local de trabalho seguro construído com iniciativas e inovação, criatividade, melhorando a posição da empresa no mercado, um negócio bem sucedido e lucros elevados, caso contrário o desempenho será afetado. O aumento da confiança pode resultar da criação de uma ligação pessoal, por exemplo, discutindo em conjunto os objectivos futuros da empresa, por outras palavras, os gestores conhecem os seus empregados e fazem com que estes o conheçam. Os gestores em geral encorajam os seus empregados a comportarem-se bem quando lhes é dado um crédito (Christina, Al K. & Rick, 2012).

A direção tem de reconhecer que os seus empregados são capazes de distinguir entre ordens e encorajamento. Isto significa que o gestor da sua empresa tem de delegar responsabilidades ou tipo de autonomia à sua equipa, e deixar claro como é que eles são capazes de terminar as suas tarefas ou atribuições de forma eficaz e eficiente. Neste caso, a confiança parece ser uma compreensão e perceção mútuas.

Quando os gestores não conseguem criar um ambiente de confiança com os seus empregados, estes respondem com distração, receios e evitando a responsabilização ou o compromisso. Pelo contrário, se os empregados confiarem na sua gestão, isso encorajá-los-á a correr riscos, a inovar mais, a não sentir ameaças e a ter poucas vantagens inesperadas. Mais uma vez, estão a cultivar os problemas de moral. A confiança é o atributo mais poderoso do gestor. Os gestores tornam-se dignos de confiança no momento em que praticam um caminho de honestidade, franqueza e integridade entre os seus empregados. A confiança é necessária para a gestão quando chega a altura de os gestores fazerem exigências de desempenho pouco razoáveis à equipa existente, especialmente quando esses gestores se encontram numa situação difícil (Michele, et.al, 2012).

O poder dos gestores nas suas empresas deve ser direcionado para criar confiança e não para desiludir as carreiras dos seus empregados. Têm de atuar de forma a transcender os receios dos trabalhadores em relação ao poder organizacional e, assim, os trabalhadores podem atingir o seu potencial máximo. Assim, ser digno de confiança é criar confiança e, para além disso, criar excelentes líderes invulgares na empresa. É muito importante aumentar o empenhamento dos trabalhadores, motivando-os e a sua sinceridade.

Atualmente, um dos maiores desafios para a gestão de uma empresa é a construção da confiança dos trabalhadores, especialmente durante a mudança. Assim, a definição de mudanças ou reforça a confiança existente e a relação entre a direção da empresa e os seus empregados, ou destrói o que foi construído nos anos anteriores. A confiança tem um significado diferente do ponto de vista dos trabalhadores e do ponto de vista das empresas. Para os trabalhadores, como já referimos, é a crença na capacidade de outra pessoa ou grupo e na realização do trabalho como esperado. Enquanto a confiança do ponto de vista das empresas representa a redução dos riscos no ambiente empresarial, avançando para as mudanças propostas à medida que a confiança dos trabalhadores na sua gestão aumenta.

Assumir o risco de mudanças deve estar associado à disponibilidade dos trabalhadores e das suas empresas, na medida em que ambas as partes confiem uma na outra. Assim, a confiança é aqui a chave para tais mudanças e para um impacto positivo. De facto, a confiança deve ser suficientemente elevada nos diferentes departamentos das empresas para evitar qualquer destruição de esforços para as mudanças esperadas (Abraham, Asher, & Amy, 2012).

A confiança, neste sentido, afecta a motivação dos trabalhadores. Os trabalhadores altamente motivados e com elevados níveis de confiança dirigem os seus esforços para os objectivos da empresa e procedem à preparação necessária, mesmo quando as mudanças podem não ser vistas como tendo benefícios imediatos para os seus negócios. Por outras palavras, a confiança influencia a motivação, quer seja elevada ou baixa. Enquanto os trabalhadores altamente motivados, mas com pouca confiança nas suas empresas, a sua energia será direcionada para alcançar os seus interesses e objectivos individuais (Xu, et.al, 2010).

A perceção da gestão de quaisquer mudanças pode prever a ação e o comportamento a adotar. Neste caso, estamos a falar dos resultados positivos esperados e das oportunidades de sucesso de tais mudanças, mas não de mudanças com ameaças. Por conseguinte, a confiança afectará as percepções dos gestores, uma vez que é utilizada para avaliar os motivos ou comportamentos futuros e passados dos outros. Quando o ambiente de trabalho se caracteriza por uma elevada confiança, os gestores interpretam as acções dos trabalhadores como positivas e, quando a confiança é baixa, as acções dos trabalhadores podem ser consideradas negativas.

A gestão deve melhorar os processos de comunicação de forma eficaz durante as mudanças no ambiente da empresa. A confiança pode desempenhar um papel efetivo no processo de comunicação. As comunicações devem ser compreendidas pelos funcionários dos diferentes departamentos e a sua interiorização não deve ser exagerada. Mais uma vez, os trabalhadores altamente motivados e com elevados níveis de confiança são mais susceptíveis de aceitar as mudanças por serem racionais. Por outro lado, os trabalhadores altamente motivados, mas com pouca confiança nas suas direcções, são susceptíveis de duvidar da lógica e da necessidade das mudanças nas suas empresas. Surgem mais dúvidas sobre a exatidão das informações de que dispõem. A capacidade dos gestores de manter uma elevada confiança na sua empresa é mais importante para manter as vantagens competitivas no mercado, aumentando também as suas capacidades de tolerância ao risco e reduzindo o risco de mudanças.

Durante o período de mudanças, as empresas têm de criar um ambiente que demonstre a sua confiança nos trabalhadores e tomar decisões que envolvam os trabalhadores na resolução de problemas de uma forma aberta e transparente (Hao-Kai, Ryh- Song, & Hsin-Yu, 2012).

A interação dos gestores com os trabalhadores e a forma como a praticam são testemunho da sua confiança dentro da estrutura da empresa. Por exemplo, a utilização de uma comunicação ativa em vez de passiva reforça a capacidade do gestor para manter a confiança. Estes passos são dignos de confiança e reduzem a ambiguidade e a incerteza das mudanças, uma vez que os empregados têm tempo para discutir e compreender os resultados. Assim, a falta de confiança entre os trabalhadores e a direção contribuirá para uma comunicação menos eficaz, para a delegação de autoridade, para a moral, para as competências, para a produtividade e para a boa vontade.

O risco é um pré-requisito na escolha da confiança. A ideia de ser vulnerável, enquanto líder ou membro de uma equipa, evoca imagens de fraqueza e inépcia. A confiança é central e fundamental para o desenvolvimento de uma relação de trabalho colaborativa entre os responsáveis pela gestão e os outros trabalhadores da organização. Por conseguinte, deve ser atribuído tempo suficiente durante o processo de gestão do trabalho em equipa para permitir o desenvolvimento desta confiança. O inverso disto manifesta-se frequentemente em gestores ou líderes que evitam o feedback sincero, pronunciando as suas próprias opiniões com tal vigor que ninguém se atreveria a questioná-las. Ao fazê-lo, enfraquecem imediatamente a equipa, uma vez que as decisões só podem ser tomadas a partir do topo, sem ter em conta os pontos de vista, as experiências e as opiniões das pessoas com quem trabalham, o que acontece na maioria das empresas do Médio Oriente (Khalid, et.al, 2014).

Capítulo 8. Esforços organizacionais para a melhoria do desempenho

Na gestão empresarial, a confiança e a interação entre os trabalhadores e a sua direção é um dos factores-chave para o sucesso da empresa. Os gestores, com a sua experiência e perspicácia, podem ultrapassar obstáculos reagindo mais rapidamente para conseguir as mudanças necessárias. A criação de confiança com os seus empregados, baseada na criação de valor partilhado, é importante para alcançar o sucesso. Esta abertura, que consiste em fornecer conhecimentos e melhorar a rede de comunicação entre a direção e os trabalhadores, centra-se nas competências dos trabalhadores, que são consideradas um fenómeno necessário para criar e reforçar a confiança (Liping, Onne, & Kan, 2010).

Um dos aspectos mais importantes para alcançar um elevado desempenho dos trabalhadores é a criação de confiança. Neste ambiente, a gestão promove a criação de valor partilhado, a cooperação e a interação dos trabalhadores, a lealdade e o trabalho em equipa. O elevado desempenho não é o resultado das competências e iniciativas dos trabalhadores, mas também das suas diversas funções na prática dos conhecimentos que lhes foram delegados pela direção. A este respeito, os trabalhadores têm um valor e objectivos comuns partilhados, vontade de trabalhar com os seus gestores, clareza quanto às suas responsabilidades, respeito e confiança mútuos, uma rede de comunicação eficaz e, acima de tudo, o apoio da gestão para os desafios existentes. Este clima de cooperação pode eliminar as diferenças ou os conflitos e contribuir para o sucesso. É preciso saber que o desempenho é um conceito abstrato geralmente apresentado por fenómenos mensuráveis. Assim, a gestão exerce de facto a promoção de uma comunicação eficaz e do espírito dos trabalhadores. Assim, a confiança e a integridade aumentaram devido à confiança dos trabalhadores.

Nas empresas e para obter o desempenho aceite, os trabalhadores, com a ajuda da sua direção, devem interiorizar as tarefas desejadas. Esta expetativa pode ser alcançada através de uma cultura de discussão de porta aberta, ouvindo as opiniões dos outros. Os papéis dos gestores passam pela criação de um ambiente saudável, encorajando a partilha de uma visão, motivando os seus empregados a tomar as melhores medidas para que as mudanças necessárias sejam bem sucedidas (Jixia, & Kevin, 2010).

O reforço da confiança para alcançar o desempenho exigido passa pela interação entre os trabalhadores. Além disso, a partilha de conhecimentos num ambiente de cooperação aumentará se forem estabelecidas relações de confiança.

A diferença entre o desempenho atual e o limite teórico de desempenho é a zona de melhoria do desempenho. Além disso, o ambiente da força de trabalho inclui diferentes métodos de apoio à força de trabalho, tais como oportunidades de desenvolvimento de aprendizagem e formação que não se centram estritamente nas responsabilidades profissionais dos trabalhadores. A este respeito, a gestão pode colocar alguns desafios aos seus empregados para que produzam excelência nas suas operações; para que demonstrem energia positiva, bem-estar e autocontrolo; para que tomem a decisão certa no momento certo; e para que se dediquem à aprendizagem contínua, desenvolvimento e crescimento. A este respeito, as caraterísticas culturais organizacionais podem ser uma mistura de muitos conceitos, como a aprendizagem organizacional, o desenvolvimento dos trabalhadores e a melhoria contínua (Zaim, Tatoglu e Zaim, 2007). Por conseguinte, é necessário um conjunto de técnicas e programas para assegurar um ambiente de trabalho positivo e favorável.

Para alcançar um desempenho aceitável, é necessária confiança como facilitador da partilha de conhecimentos num ambiente de trabalho em equipa. De facto, o desempenho é aqui o resultado do comportamento cooperativo dos trabalhadores. O desempenho dos trabalhadores é fraco quando a qualidade do empowerment e a rede de comunicação constituem um problema na empresa.

Ao esperar um elevado desempenho dos trabalhadores, os gestores devem certificar-se de que todos os trabalhadores partilham os objectivos comuns, compreendem e estão empenhados neste esforço. Tendo competência e confiança uns nos outros, os trabalhadores são capazes de expressar os seus conhecimentos e experiência numa direção positiva (Dnika, Rebecca, & Michlle, 2011). De facto, um desempenho de elevada qualidade pode ser alcançado através de interações positivas entre os trabalhadores, de uma relação de trabalho amigável e da aceitação de críticas sem raiva. Com base na confiança, este ambiente transmite uma mensagem implícita de interesse na mente e no interesse dos trabalhadores. Quando a direção perde a confiança dos trabalhadores, é difícil de a captar. Assim, a melhoria das relações de trabalho com os trabalhadores constitui um sentimento de confiança, e a confiança é considerada como um contexto determinado e é da responsabilidade da empresa o seu sucesso.

Uma cultura de melhoria do desempenho tem de ser criada, começando ao mais alto nível e chegando ao nível mais baixo da organização. Por outras palavras, isto significa que os gestores têm de liderar as suas equipas e a organização no sentido de efectuarem mudanças benéficas, encorajarem os membros da equipa a mudarem as suas percepções e atitudes e reforçarem as mudanças de comportamento que proporcionam um melhor desempenho em toda a organização. Os gestores da sua organização devem assegurar que a captação de conhecimentos e a identificação de lições é fundamental e que tudo o que é aprendido contribui para melhorar o processo para uma maior melhoria do desempenho. Encorajar e reforçar estes comportamentos adequados no local de trabalho pode permitir que os gestores das suas organizações atinjam novos níveis de desempenho. Assim, o que é necessário é uma estrutura sob a forma de requisitos e normas regulamentares.

De facto, um desempenho de elevada qualidade pode ser alcançado através de interações positivas entre os trabalhadores, de uma relação de trabalho amigável e da aceitação de críticas sem raiva. Com base na confiança, este ambiente transmite uma mensagem implícita de interesse na mente e no interesse dos trabalhadores. Quando a direção perde a confiança dos empregados, é difícil captá-la. Assim, a melhoria das relações de trabalho com os trabalhadores constitui um sentimento de confiança, e a confiança é considerada como um contexto determinado e é da responsabilidade da empresa o seu sucesso.

A melhoria do atual nível de desempenho dos trabalhadores nas suas empresas passa pelas mudanças exigidas pela gestão, através da geração de novas ideias para modificar o comportamento da gestão da empresa, a fim de alcançar um maior rendimento. Os objectivos consistem em aumentar a eficiência e a eficácia da empresa, o que implica o processo de definição de objectivos e metas, além de a reforçar no mercado com o nível de confiança que foi criado. Por conseguinte, o desempenho é um critério ou uma medida dos resultados alcançados pelos trabalhadores relativamente às tarefas que lhes são atribuídas. (Birgit, Christian, & Rafael, 2011).

A confiança e a aprendizagem ao longo da vida contribuem para a melhoria do desempenho dos trabalhadores e do sistema das suas empresas. O que é necessário aqui é que os trabalhadores tenham as atitudes, os conhecimentos, a experiência e as capacidades para produzir qualidade e cumprir as metas e os objectivos da sua empresa. A rápida implementação da partilha de conhecimentos entre os trabalhadores é considerada crucial para aumentar as relações positivas entre os trabalhadores (Xiaomeng, & Jing, 2014).

A convicção dos investigadores é que a melhoria do desempenho não deve ser considerada como o único objetivo para atingir os objectivos da empresa, mas também através do valor de alcançar o equilíbrio entre os objectivos dos trabalhadores e das empresas. De facto, a procura de valores humanos é o esforço inicial para melhorar o desempenho organizacional e considerar esta questão como uma prioridade para a gestão/gestor.

Num ambiente de trabalho tão positivo e favorável, o desempenho dos trabalhadores pode ser alcançado através do impacto de três factores: o empenhamento dos trabalhadores, os resultados específicos dos trabalhadores e o ambiente dos trabalhadores. Estes três aspectos significam procurar manter um elevado desempenho, a adaptação da empresa às mudanças e ao sucesso, e a satisfação e o empenhamento dos trabalhadores no seu trabalho através da confiança mútua. As responsabilidades profissionais e a formação dos trabalhadores podem proporcionar oportunidades para as melhorias necessárias (Stein, & yvind, 2014).

Além disso, estes três elementos permitem uma avaliação prática dos resultados das empresas, da eficácia e dos resultados do empenhamento e da satisfação dos trabalhadores e da forma como estes resultados apoiam a estratégia da empresa a longo prazo.

Assim, o interesse mútuo e as estratégias para os trabalhadores/gestão consistem em explorar os seus conhecimentos e experiência, exibir energia positiva, confiança e bem-estar, autocontrolo e apoio por parte da sua gestão para tomar as decisões corretas e dedicar-se à aprendizagem contínua e ao crescimento do desenvolvimento. Estes resultados positivos tornam-se as caraterísticas da cultura da empresa e a agilidade da empresa e a construção de um ambiente eficaz para os empregados como um processo contínuo.

Quando a empresa procura um melhor desempenho, deve esforçar-se por pôr em prática as suas iniciativas, tais como a aprendizagem ao longo da vida dos trabalhadores, as responsabilidades para com a comunidade local, um melhor local de trabalho para os trabalhadores, para ser mais bem sucedida e ajudar a contribuir para as mudanças e a orientar os trabalhadores nessa direção. A este respeito, o desempenho pode ter lugar e pode ser medido a nível dos trabalhadores e da empresa devido ao empenhamento e à satisfação dos trabalhadores. Também dá à empresa uma grande vantagem na liderança sobre os seus concorrentes. Nesta situação, a empresa tem uma visão do local de trabalho, das motivações, dos valores e dos incentivos dos trabalhadores que não estavam subjacentes aos comportamentos que se pretendia alterar (Abraham, John, & Asher, 2011). Tem o conceito de dinâmica comportamental e expectativas. As organizações têm de estar conscientes de que um equilíbrio adequado entre colaboradores e processos e a criação de uma cultura de melhoria do desempenho com um plano claro de melhoria do desempenho são factores críticos para alcançar um desempenho extraordinário.

A aprendizagem de conhecimentos é o cerne da melhoria do desempenho e requer a existência de uma cultura de trabalho que compreenda como a aprendizagem afecta o desempenho. A este respeito, a direção deve assegurar a comunicação da forma como as lições aprendidas tiveram impacto na organização e melhoraram o desempenho. Embora algumas organizações já disponham de muitas ferramentas, muitos processos e estrutura suficiente, a tónica deve ser colocada no equilíbrio adequado entre os trabalhadores e as tarefas de trabalho, bem como na sustentabilidade de uma cultura de trabalho que melhore o desempenho dessas tarefas. Por conseguinte, a gestão deve praticar as competências de liderança que apoiam esta cultura e integradas em todos os níveis da organização, de modo a que o gestor aborde qualquer tarefa melhorando o desempenho.

Capítulo 9. Metodologia e análise

O presente estudo utilizou o tipo de inquérito e envolveu os dirigentes destas empresas na amostra. A população do estudo foi selecionada por amostragem estratificada.

Foram enviados questionários aos dirigentes de 115 empresas (que representam mais de 45% das empresas industriais, de acordo com a Câmara de Comércio de Abu Dhabi, Relatório Anual de 2010) com responsabilidade significativa na medição do nível de gestão orientada para o conhecimento. Dos 115 questionários distribuídos, 110 líderes devolveram os seus questionários, o que resultou em 95% de respostas. Foram adoptadas e utilizadas medidas para ponderar cada um dos cinco constructos, nomeadamente, atitudes de gestão, cultura da empresa, visão e missão da empresa, ambiente interno e percepções dos trabalhadores. O estudo utilizou uma escala de avaliação de cinco pontos, ou seja, de 1 (discordo totalmente) a 5 (concordo totalmente). O objetivo do estudo é investigar o estatuto destas variáveis construídas como barreiras à partilha de conhecimentos no sector industrial (Quadro 1).

O quadro (1) encontra-se aqui

A partir do Quadro 1, a correlação entre as barreiras à partilha de conhecimentos nas empresas inquiridas na amostra foi elevada e significativa em 0,01. A classificação da correlação dos indicadores para o ambiente interno, as percepções dos empregados, a cultura da empresa, a visão e missão da empresa e as atitudes da gestão são: 0,599, 0,564, 0,771, 0,617 e 0,571, respetivamente. A cultura da empresa está em primeiro lugar, a visão e a missão da empresa em segundo, o ambiente interno em terceiro, as atitudes da direção em quarto e as percepções dos trabalhadores em último. Utilizando o método do alfa de Cronbach, as atitudes da direção foram encontradas com 0,70 e a visão e missão da empresa com o valor mais baixo (0,61). O valor alfa de 0,77 indica que o instrumento de investigação tem uma validade bastante elevada.

Os valores médios numa escala de cinco pontos (1 = discordo totalmente; 5 = concordo totalmente) dos cinco indicadores relativos à partilha de conhecimentos foram: 11,29, 12,22,13,50, 6,89 e 30,52 para ambiente interno, perceção dos colaboradores, cultura das empresas, visão e missão das empresas e atitudes de gestão, respetivamente. O valor médio das atitudes da gestão é de 30,52, na classificação alta, indicando que a gestão das empresas inquiridas utiliza o sistema de portas fechadas, pouca participação dos trabalhadores no processo de tomada de decisões e não está consciente de que o conhecimento desempenha um papel significativo no sucesso da organização. A cultura da empresa está em segundo lugar, com 13,50 pontos, indicando que a resolução dos problemas da organização através do trabalho em equipa é baixa. Este indicador é compatível com o terceiro elemento da classificação, as percepções dos trabalhadores, cujo valor é 12,22. De facto, os inquiridos consideram que os líderes e os trabalhadores destas empresas não são suficientemente julgados pelo que fazem e que o conhecimento dos trabalhadores que partem não é transmitido aos sucessores. De facto, estas questões reflectem que estas empresas não dispõem de uma rede adequada de trabalhadores do conhecimento e, além disso, consideram que não existe um programa ativo de desenvolvimento de ideias. O elemento ambiente interno está em quarto lugar, com um valor de 11,29. A partir de a pontuação, a interpretação clara para tal situação é que os empregados e as suas empresas têm agido de forma bastante pobre no caso de uma troca regular e ampla de conhecimentos, e a utilização do sistema de informação e comunicação tem sido inferior à média. As visões e missões das empresas estão em último lugar, com um valor médio de 6,89. O valor mais baixo indica que os trabalhadores não têm conhecimento das missões e objectivos das suas empresas. A média da partilha de conhecimentos foi de 109,597, o que indica que os inquiridos da amostra acreditam que os esforços de gestão das empresas da amostra para a partilha de conhecimentos entre os trabalhadores, de acordo com os critérios actuais e com o ambiente interno das empresas, foram inferiores à média (Quadro 2).

O quadro (2) encontra-se aqui

Através da discussão com os líderes das empresas inquiridas, os investigadores pediram aos inquiridos que desenvolvessem as suas respostas. Os inquiridos mencionaram outros obstáculos à partilha de conhecimentos nas suas empresas. Os investigadores acreditam que a formação dos líderes está provavelmente por detrás destas revelações. As barreiras mencionadas por esses líderes podem ser especificadas como: nível relativamente baixo de sensibilização e compreensão, qualidade da informação em geral, interação cara a cara, assistência no desenvolvimento de dados e informações (Klein, 2008), base de dados relativamente subdesenvolvida, meios eficazes para transmitir conhecimentos, barreira linguística e o "contexto" em que o conhecimento é partilhado. Para avaliar se o elemento educação está aquém das expectativas destes problemas, utilizámos as técnicas de Kruscal-Wallis.

O quadro (3) é mais ou menos o seguinte

Os resultados encontram-se na (Tabela 3). A partir da (Tabela 3), os resultados revelaram que existe uma relação entre a cultura da empresa, o ambiente interno, as percepções dos trabalhadores e o total de KS com o nível de educação dos trabalhadores e dos líderes. Com [$K\partial f$ =2.000, P<.01], os valores das variáveis de construção são: [($K\partial f$ =8.799], [$K\partial f$ =13.132], [$K\partial f$ =28.225], [$K\partial f$ = 11.889].Não houve diferenças significativas entre a educação e as outras duas variáveis de barreiras (i.e., atitudes de gestão e visão e missão da empresa).

Foram adoptadas e utilizadas medidas para ponderar cada uma das (9) variáveis de motivação da confiança, nomeadamente: Comportamento cultural da organização, Comunicação eficaz, Reduzir a ambiguidade da mudança, Abertura e frontalidade com os empregados, Capacidade do líder para inspirar os empregados, Alinhamento das palavras e acções da gestão, Encorajar em vez de comandar, Competência do líder/gestão e Assumir a culpa mas dar o crédito.

Apenas cinco motivadores foram considerados significativos para motivar a confiança entre estes três grupos nos sectores económicos da amostra. Por conseguinte, é utilizada a análise ANOVA unidirecional para avaliar essa semelhança. O estudo utilizou uma escala de classificação de cinco pontos, ou seja, de 1 (discordo totalmente) a 5 (concordo totalmente). O objetivo da investigação é investigar o estatuto destas variáveis construídas como facilitadoras para motivar a confiança no sector industrial (Quadro 4).

A partir da Tabela 4, o valor F entre os factores que motivam os factores de confiança nas empresas inquiridas na amostra foi elevado e significativo em 0,01. A classificação dos indicadores de valor " F " para Comportamento cultural da organização, Abertura e frontalidade com os empregados, Capacidade do líder para inspirar os empregados, Alinhamento das palavras e acções da gestão, e Encorajar em vez de comandar como o mais elevado é: 3,33, 4,09, 3,13, 9,15 e 6,68, respetivamente. Alinhamento das palavras e acções de gestão na primeira posição, Encorajar em vez de comandar na segunda, Abertura e frontalidade com os empregados na terceira posição, Comportamento cultural da organização na quarta posição e Capacidade do líder para inspirar os empregados na última posição. Utilizando o método do *valor P*, a competência de líder/gestão foi encontrada com 0,76 e o comportamento cultural da organização com o mínimo de 0,10. No entanto, este *valor P* tem um valor bastante elevado. O valor alfa de 0,89 indica que o instrumento de investigação tem uma validade bastante elevada.

O quadro 4 está aqui

Através da discussão com os gestores das empresas inquiridas, os investigadores pediram aos inquiridos que desenvolvessem as suas respostas. Os inquiridos mencionaram outras variáveis motivadoras da confiança nas suas empresas. Os investigadores acreditam que a educação dos líderes/gestores está provavelmente por detrás destas revelações. Os factores motivacionais mencionados por esses gestores podem ser especificados como: concorrência interna ou externa, cultura organizacional, ausência de receio de críticas por parte da gestão, recursos financeiros e económicos e tolerância ao risco por parte da gestão. Para avaliar se o elemento educação está por detrás das expectativas destes problemas, utilizámos a técnica de Kruscal-Wallis. Os resultados encontram-se na (Tabela 5).

A partir do Quadro 5, os resultados revelaram que existe uma relação entre os factores de motivação Alinhamento das palavras e acções da gestão, Encorajar em vez de mandar, Abertura e frontalidade com os trabalhadores e Confiança total com o nível de habilitações dos trabalhadores e dos gestores.

Com ($K\partial f$ =2.000, P< .01), o valor das variáveis de construção são: ($K\partial f$ =36.379), ($K\partial f$ =21.286), ($K\partial f$ =16.953), ($K\partial f$ =19.931). Não se registaram diferenças significativas entre a educação e as outras duas variáveis motivacionais (ou seja, a capacidade do líder para inspirar os trabalhadores e o comportamento cultural da organização).

O quadro 5 é mais ou menos aqui

Conclusão

É provável que a liderança eficaz seja ainda mais essencial no futuro para facilitar o crescimento e a adaptação das organizações de serviços humanos no desafio constante de melhorar o desempenho.

Cada um dos impedimentos identificados representa uma oportunidade para cada organização rever e refletir sobre as suas actuais políticas e práticas de partilha de informação/conhecimento, bem como sobre a cultura e o contexto em que estas questões surgiram. Embora não exista uma resposta prescritiva para resolver todos os dilemas da partilha de informação/conhecimento nas organizações, existem várias opções disponíveis para mitigar os impedimentos, melhorando os mecanismos de coordenação e o contexto em que a partilha ocorre.

Este estudo é importante para todas as empresas da economia, especialmente no sector industrial, onde a partilha de conhecimentos é uma forma de fazer negócios e de atingir objectivos organizacionais no sector industrial da economia dos EAU. Este artigo contribui para a investigação em aprendizagem organizacional e práticas de partilha de conhecimentos, tentando identificar barreiras na partilha e transferência de conhecimentos dentro das organizações.

Os resultados deste estudo sugerem que os trabalhadores e as suas empresas têm agido de forma bastante deficiente na troca de conhecimentos; os participantes mostraram um conhecimento bastante baixo da visão estratégica das suas empresas e os papéis de gestão podem ser mais eficientes como forma de comunicação, responsabilidade e confiança dentro da organização, e os inquiridos também acreditam que tanto os gestores como os trabalhadores destas empresas não são suficientemente julgados pelo que fazem e o conhecimento dos trabalhadores que partem não é transmitido aos sucessores. Os inquiridos expressaram que o conhecimento adquirido era sobretudo teórico. É necessário reforçar o fluxo bidirecional de informação nestas empresas entre os departamentos e a hierarquia organizacional. A partilha eficaz de conhecimentos pode ser alcançada a nível organizacional através das relações entre os departamentos e da institucionalização desses departamentos na estrutura da organização.

Estes obstáculos, tais como as atitudes dos gestores, a cultura da empresa, a visão e a missão da empresa, o ambiente interno, as percepções dos trabalhadores, levantam problemas que transcendem a nossa investigação. Mas houve uma relação significativa entre a partilha de conhecimentos e a experiência dos trabalhadores da amostra. Por conseguinte, os investigadores consideram que a estrutura organizacional e o processo operacional devem ser melhorados ou redesenhados.

Os resultados deste estudo sugerem que os trabalhadores e as suas empresas têm agido de forma bastante deficiente na troca de conhecimentos; os participantes mostraram um conhecimento bastante baixo da visão estratégica das suas empresas e os papéis de gestão podem ser mais eficientes como forma de comunicação, responsabilidade e confiança dentro da organização, e os inquiridos também acreditam que tanto os gestores como os trabalhadores destas empresas não são suficientemente julgados pelo que fazem e o conhecimento dos trabalhadores que partem não é transmitido aos sucessores.

Estes obstáculos, tais como o ambiente da força de trabalho (adaptação ambiental), o envolvimento da força de trabalho, a cultura organizacional, a estratégia competitiva da empresa, as percepções da gestão, levantam problemas que transcendem a nossa investigação. Mas houve uma relação significativa entre a partilha de conhecimentos e a experiência dos trabalhadores da amostra. Por conseguinte, os investigadores consideram que a estrutura organizacional e o processo operacional devem ser melhorados ou reformulados para melhorar o desempenho.

Os investigadores concluíram que, uma vez criado um tipo específico de conhecimento, é necessário um sistema e esforços de gestão para reter e transferir esse conhecimento. A cultura e as atitudes de gestão da empresa influenciarão e, espera-se, acrescentarão valor aos esforços dos empregados para criar a partilha de conhecimentos necessária para os benefícios das suas empresas.

Os resultados do presente documento mostram que a confiança contribui positivamente para um elevado desempenho. Por conseguinte, a criação de confiança depende não só da experiência do gestor/gestor, mas também da forma de poder de coordenação no seio da estrutura de gestão.

Um dos principais ingredientes para criar confiança entre os funcionários é a comunicação eficaz, também através da escuta genuína e do respeito pelas ideias dos outros funcionários.

Os resultados da investigação revelam a importância da confiança também na formação de equipas. A confiança deve ser construída profundamente em todos os níveis da empresa. A maioria dos empregados das empresas deve trabalhar em conjunto, pelo que se conhecem mutuamente e a confiança foi construída através de experiências partilhadas, comunicação ativa e comportamento mutuamente respetivo apoiado pela Direção.

Referências

Abraham,C., Asher,T., & Amy, E., (2012), CEO relational leadership and strategic decision quality in top management teams: The role of team trust and learning from failure, *Strategic Organization,* Vol.10, No. 1, pp. 31-54.

Abraham, C., John, S., & Asher, T., (2011), performance, The *Leadership Quarterly,* Vol. 22, No. 2, pp. 399-411.

Ahmad, Z., et al., (2011), Process Innovation: A study of Malaysian Small Medium Enterprises (SMEs), *World Journal of Management,* Vol. 3, No. 1, pp. 146- 156.

Ahmad, H., Ahmad, K. & Shah, I., (2010), Relationship between Job Satisfaction, Job Performance Attitude towards Work and Organizational Commitment, *European Journal of Social Sciences,* Vol.18, No. 2, pp. 257-267.

Alireza, A., et al., (2010), Evaluating Knowledge-Oriented Management: An Iranian University Case Study, *Journal of Knowledge Management Practice,* Vol. 11, No. 2.Disponível em:http://WWW.tlainc.com/jmpv11n210.htm.

Alavi, M., Kayworth, R., &Leidner, E., (2005), An empirical examination of the influence of organizational culture on knowledge management practices, *Journal of Management Information Systems,* 22, 191-224.

Birasnav, M., Rangnekar, S., & Dalpati, A., (2011), Transformational leadership and human capital bene-fits: The role of knowledge management, *Leadership & Organization Development Journal,* Vol. 32, No. 2, pp.106-126.

Birgit, P., Christian, S., & Rafael, W., (2011),Who speaks up to whom? A relational approach to employee voice, *Social Networks,* Vol. 33, No. 4, pp. 303-316.

Barney, B., Ketchen, J., & Wright, M., (2011), The future of resource-based theory: Revitalização ou declínio? *Journal of Management, 37,* 1299-1315.

Bratianu, C., and Orzea, I.,(2010), Tacit Knowledge Sharing in Organizational Knowledge Dynamics, *Journal of Knowledge Management Practice,* Vol. 11, No. 2, June 2010. Disponível em: http://WWW.tlainc.com/jmpv11n210.htm.

Bennett, B., (2005), Modes of Concept Definition and Varieties of Vagueness, *Applied Ontology,* Vol. 1, No. 1, pp. 17-26.

Cottrill, K., Lopez, D., & Hoffman, C., (2014), How authentic leadership and inclusion benefit organizations, Equality, *Diversity and Inclusion: An International Journal,* Vol.33, No.3, pp. 275-292.

Christina, C., Al K. Au., & Rick, H., (2012),Trust as a mediator of the relationship between leader/member behavior and leader-member-exchange quality, *Journal of World Business,* Vol. 47, No. 3, pp. 459-468.

Carmeli, A., Gelbard, R., & Gefen, D., (2010), The importance of innovation leadership in cultivating strategic fit and enhancing firm performance, *The Leadership Quarterly,* Vol. 21, No. 3, pp. 339-349.

Crossan, M., & Apaydin, M., (2010), A Multi-Dimensional Framework of Organizational Innovation: A Systematic Review of the Literature, *Journal of Management Studies*, Vol. 47, No. 6, pp. 1154-1191.

Dnika, T., Rebecca, G., & Michlle, M B., (2011), Speaking up and stepping back: Examining the link between employee voice and job neglect *Children and Youth Services Review,* Vol.33, No. 10, 2011, pp. 1831-1841.

Evangelista, P., et al., (2010), The Adoption of Knowledge Management Systems in Small Firms, *Electronic Journal of Knowledge Management,* Vol. 8, No. 1, pp.33 - 42.

Follesdal, H., & Hagtvet, K., (2013), Does emotional intelligence as ability predict transformational leadership? A multilevel approach, *The Leadership Quarterly,* Vol. 24, No. 5, pp.747-762.

Farooq, M., (2010), Beyond The Tacit-Explicit Dichotomy: Towards A Conceptual Framework For Mapping Knowledge Creation, Sharing & Networking, *Journal of Knowledge Management Practice,* Vol. 11, No. 2, Disponível em: http://WWW .tlainc.com/j mpv11n210.htm.

Foss, J., Husted, K., & Michailova, S.,(2010),Governing knowledge sharing in organizations: Levels of analysis, governance mechanisms, and research diretions, *Journal of Management Studies,* 47: 455-482.

Gnihotri, R.,& Krush, T., (2015), Salesperson empathy, ethical behaviors, and sales performance: The moderating role of trust in one's manager, *Journal of Personal Selling and Sales Management,* Vol.35, No. 2, pp. 164-174.

Gro, L., & Susann, G., (2014), Coaching de liderança, eficácia do papel do líder e confiança nos subordinados. Um estudo de métodos mistos que avalia o coaching de liderança como uma liderançaferramenta de desenvolvimento de , *The Leadership Quarterly,* Vol. 25, No. 4, pp. 631-646.

Guinis, H., (2013), *Performance Management,* 3rdedn, Ch.1, Pearson edu., Inc., USA.

Gottschalk, P., Filstad, C., Glomseth, R., &Solli-Saether, H.,(2011), Information management for investigation and prevention of white-collar crime, *International Journal of Information Management*, 31, 226-233.

Gahukar, R., (2010), Intellectual Property Rights And The Management Of Traditional Knowledge In Indian Agriculture, *Journal of Knowledge Management Practice,* Vol. 11, No. 2, Disponível em: http://WWW.tlainc.com/jmpv11n210.htm.

Hyypia, M., & Parjanen, S., (2013), Boosting Creativity with Transformational Leadership, *Interdisciplinary Journal of Information, Knowledge, and Management,* Vol. 8, No.7, pp. 21-41.

Hao-Kai, H., Ryh-Song, Y., & Hsin-Yu, S., (2012), skill, *International Journal of Hospitality Management,* Vol.31, No. 2, June 2012, Pages 442-450.

Hung, S.-Y., Durcikova, A., Lai, M., & Lin, M., (2011),The influence of intrinsic and extrinsic motivation on individuals' knowledge sharing behavior, *International Journal of Human-Computer Studies, 69,* 415-427.

Helms, R., et al, (2010), Limitations of Network Analysis for Studying Efficiency and Effectiveness of Knowledge Management, *Electronic Journal of Knowledge Management,* Vol. 8, No. 1, pp. 53 - 68.

Haslindar, I., & Fazilah, A., (2010), Family business in emerging markets: O caso da Malásia, *African Journal of Business Management,* Vol.4, No.13, pp. 2586-2595.

Ho, L.-A., (2008), What affects organizational performance? The linking of learning and knowledge management, *Industrial Management and Data Systems,* Volume 108:9:1234-1254.

Hafizi, A. e Hayati, A., (2006), Knowledge management in Malaysian Banks: a new paradigm, *Journal of Knowledge Management Practices,* Vol. 7, No. 3, pp.1-13.

lachini, L., Cross, P., & Freedman, A., (2015), Liderança na educação em serviço social e o modelo de mudança social da liderança, *Educação em Serviço Social,* Vol.34, No.6, pp.650-655.

Jacqueline, B., (2012),O Processo de Liderança Partilhada em Equipas de Tomada de Decisão, *The Journal of Social Psychology,Vol.152,* No.1, pp. 17-42.

Jixia, Y., Kevin, M., (2010), Examinar os efeitos da confiança nos líderes: A bases-and- foci approach, *The Leadership Quarterly*, Vol. 21, No. 1, pp. 50-63.

Jan, R., e Michael, S., (2010), An Exploratory Study On Knowledge Transfer At A University Conference, *Journal of Knowledge Management Practice,* Vol. 11, No. 2, Disponível em: http://WWW.tlainc.com/jmpv11n210.htm.

Khalid Alrawi, et.al, (2014), Otimização do desempenho da liderança: Effects on Team Achievement in Organizational Sustained Success, *International Journal of Advances in Management and Economics* (IJAME With Impact Fator), Vol. 3, Issue 4, pp. 0818.

Kevin, K., Nick, T., Julian, B., & Catherine, Loughlin,(2012),Transformational leadership and employee psychological well-being: The mediating role of employee trust in leadership, Work & Stress: *An International Journal of Work, Health & Organizations,*Vol. 26, No. 1, pp. 39-55.

Kesting, P., & Ulhoi, J., (2010), Employee-driven innovation: Extending the license to foster innovation, *Management Decision,* Vol.48, No. 1, pp. 65-84.

Lizano, L., (2015), Examinar o impacto do burnout no trabalho sobre a saúde e o bem-estar dos trabalhadores de serviços humanos: A systematic review and synthesis, *Human Service Organizations, Management, Leadership & Governance,* Vol. 39, No.3, pp.167-181.

Lu, X., (2014), Liderança ética e comportamento de cidadania organizacional: The Mediating Roles of Cognitive and Affective Trust, *Social Behavior and Personality: an international journal,* Vol. 42, No. 3, pp. 379-389.

Lindberg, A., & Meredith, L., (2012), Um gestor sénior com um portefólio de gestão do conhecimento: The Santa Clara Country experience, *Journal of EvidenceBased Social Work,* Vol.9, No. (1/2), pp.110-120.

Ladkin, D., & Taylor, S., (2010), Enacting the true self: Towards a theory of embodied authentic leadership, *The Leadership Quarterly,* Vol. 21, No.1, pp.64-74.

Lengnick-Hall, A., Beck, E., & Lengnick-Hall, L., (2011), Developing a capacity for organizational resilience through strategic human resource management, *Human Resource Management Review,* Vol. 21, No. 3, pp.243-255.

Liping, G., Onne, J., Kan, S., (2010), Leader trust and employee voice: The moderating role of empowering leader behaviors, *The Leadership Quarterly,*Vol.22, No. 4,pp787-798.

Lehner, F., and Haas, N., (2010), Knowledge Management Success Factors - Proposal of an Empirical Research, *Electronic Journal of Knowledge Management,* Vol. 8, No. 1, pp.79 - 90.

Lakshman, C. (2007), Organizational knowledge leadership: A grounded theory approach, Leadership and Organization Development Journal, Vol. 28, No. 1, pp. 5175.

McBeath, B., Jolles, P., Carnochan, S., & Austin, J., (2015), Organizational and individual determinants of evidence use by managers in public human service organizations, *Human Service Organizations: Management, Leadership & Governance,* Vol.39, No. 4, pp.267-289.

Morrison, M., & Arthur, L., (2013), Liderança para a prática inter-serviços liderança colaborativa: Lost in translation? An exploration, *Educational Management Administration & Leadership,*Vol. 41, No.2, pp.179-198.

Massimo, G., et al., (2012), Introdução: Pequenas empresas e inovação em rede: Organizational and Managerial Challenges, *Journal of Small Business Management*, Vol. 50, No. 2, pp. 181-190.

Muhammad, A.,(2012),The impact of socio-economic factors on small business success *Malaysia Journal of Society and Space,* Vol. 8, No. 1, pp. 24 - 29.

Michele, K., Daniel, B., Kenneth, H., & David, N.,(2012), Exploring the role of supervisor trust in the associations between multiple sources of relationship conflict and organizational citizenship behavior, *The Leadership Quarterly,* Vol.23, No. 1, pp.43-54.

Matthews, J., Ryan, N., & Williams, T., (2011), Adaptive and maladaptive responses of managers to changing environments: A study of Australian public sector senior executives, *Public Administration,* 89, 345-360.

Michael, P., & Francis, Y., (2011), Impact of behavioral integrity on follower job performance: A three-study examination, *The Leadership Quarterly,* Vol. 22, No. 4, pp. 765-786

Mohd, Z., et.al., (2010), Small and Medium Enterprises (SMEs) Competing in the Global Business Environment: A Case of Malaysia, *Journal of International Business Research,* Vol. 3, No.1, pp. 66-75.

Nie, D., Lamsa, A., (2015), The Leader-Member Exchange Theory in the Chinese Context and the Ethical Challenge of Guanxi, *Journal of Business Ethics,* Volume 128, No. 4, pp. 851-861.

Nkomo, S., & Hoobler, M., (2014), A historical perspective on diversity ideologies in the United States: Reflections on human resource management research and practice, *Human Resource Management Review,* Vol. 24, No.3, pp.245-257.

Ndubisi, NO., & Iftikhar, K., (2012), Relação entre empreendedorismo, inovação e desempenho: Comparing small and medium-size enterprises, *Journal of Research in Marketing and Entrepreneurship,* Vol. 14, No. 2, pp.214-236.

Niels-Ingvar, B.,(2005), Knowledge Sharing Within Organizations: A Situated and Relational Perspective, *Ph.D. Research,* Erasmus Business School, Erasmus University, Rotterdam, P.18.

Nonaka, I., e Toyama, R., (2005), The theory of the knowledge-creating firm: subjectivity, objectivity and synthesis, *Industrial and Corporate Change,* Vol.14, No. 3, pp.419-436.

Packard, T., McCrae, J., Phillips, J., & Scannapieco, M., (2015), Measuring organizational change tactics to improve child welfare programs: Experiências em 13 condados, *Human Service Organizations: Gestão, Liderança e Governação*, Vol. 39, No. 5, pp.444-458.

Packard, T., & Jones, L., (2015), An outcomes evaluation of a leadership development initiative, *Journal of Management Development,* Vol. 34, No.2, pp.153168.

Parjanen, S., (2012), Innovation sessions as sources of new ideas, *International Journal of Innovation and Learning,* Vol.11, No. 4, pp. 352-368.

Ratcliffe, J. H., (2012), Intelligence-led policing, Cullompton, Reino Unido: *Wilan Publishing.*

Robert, R., William, B., & Daniel, B., (2010), Trust? The *Leadership Quarterly,* Vol.21, No. 3, pp. 400-408.

Rousseau, D., (2006), Is there a such a thing as "evidence based management"? *Academy of Management Review,* Vol. 31, No. 2, pp. 256-269.

Rachid, Z., (2010), Towards a two-fator theory of interpersonal trust: a focus on trust in leadership, *International Journal of Commerce and Management,* Vol. 20, No. 3, pp.246 - 257.

Selden, C., & Sowa, E., (2015), Rotatividade voluntária em organizações de serviços humanos sem fins lucrativos: O impacto das práticas de trabalho de alto desempenho, *Human Service Organizations: Management, Leadership & Governance,*Vol. 39, No. 3, pp.182-207.

Sheng, W., Raymond, Noe., & Zhong-Ming, W., (2014), Motivating Knowledge Sharing in Knowledge Management Systems: A Quasi-Field Experiment, *Journal of Management,* Vol. 40 No. 4, P. 979.

Stein, A., & yvind, M., (2014), Empowering leadership: Clarificação do constructo, concetualização, e validação de uma nova escala, *The Leadership Quarterly,* Vol.25, No. 3, pp. 487-511.

Srinivas, N., (2012), Framework for sustainability entrepreneurship for small and medium enterprises (SMEs) in an emerging economy, *World Journal of Management,* Vol. 4, No. 1, pp. 51 - 66.

Santos-Vijande, ML., Lopez-Sanchez, JA., & Trespalacios, JA., (2012), How organizational learning affects a firm's flexibility, competitive strategy, and performance, *Journal of Business Research,* Vol. 65, No. 8, pp. 1079-1089.

Sumaiyah, A., & Rosli, M., (2011), The relationship between business model and performance of manufacturing small and medium enterprises in Malaysia, *African Journal of Business Management,* Vol. 5,No. 22, pp. 8918-8932.

Stone, C., & Travis, J., (2011), Toward a new professionalism in policing, *New Perspectives in Policing*. Recuperado de: https://ww.ncirs.gov/pdffiles1/nij/232359.pdf.

Susan, M., & Stefanie, J., (2011), liderança, The *Leadership Quarterly,* Vol. 22, No. 3, pp. 459-470.

Seba, I., & Rowley, J., (2010), Knowledge management in UK police forces, *Journal of Knowledge Management*, 14, 611-626. ,

Shankar, C., (2010), Internationalization and Performance: Small and Medium Enterprises (SMEs) in Malaysia, *International Journal of Business and Management,* Vol. 5, No.6, pp. 27-37.

Savolainen, R., (2007), Filtering and withdrawing: Estratégias para lidar com a sobrecarga de informação em contextos quotidianos. *Journal of Information Science, 33,* 611621.

Tock, J., & Rohaizat, B., (2013), Introdução às PME na Malásia: Growth Potential and Branding Strategy, *World Journal of Social Sciences,* Vol. 3, No. 6, pp.189-203.

Thamrin, M., (2012), The Influence of Transformational Leadership and Organizational Commitment on Job Satisfaction and Employee Performance, *International Journal of Innovation, Management and Technology,* Vol. 3, No. 5, pp.566-572.

Tsai, M., & Li, Y., (2007), Knowledge creation process in new venture strategy and performance, *Journal of Business Research,* Vol.60, No. 4, pp. 371-381.

Veld, J., (Ed.), (2010), *A democracia do conhecimento: Consequences for science, politics, and media.* Heidelberg, Alemanha: Springer.

Walsh, P., & Conway, V., (2011), Police governance and accountability: Overview of current issues. *Crime, Law and Social Change,* 55, 61-86.

Weichun, Z., Bruce, A., Ronald, R., & John, S., (2011), The effect of authentic transformational leadership on follower and group ethics, *The Leadership Quarterly,* Vol. 22, N0. 5, pp. 801-817.

Walumbwa, F., Wang, P., Wang, H., Schaubroeck, J., & Avolio, B., (2010), Psychological processes linking authentic leadership to follower behaviors, *The Leadership Quarterly,* Vol. 21, No. 5, pp. 901-914.

Webster, J., Brown, G., Zweig, D., Connelly, E., Brodt, S., & Sitkin, S., (2008), Beyond knowledge sharing: Withholding knowledge at work. Em J. J. Martocchio (Ed.), *Research in personnel and human resource management,* Vol. 27: 16-37, Bingley, UK: Emerald Group.

Willem, A., &Buelens, M., (2007), Knowledge sharing in public sector organizations: The effect of organizational characteristics on interdepartmental knowledge sharing, *Journal of Public Administration Research and Theory, 17,* 581-606.

Xiaomeng, Z., & Jing, Z., (2014), Empowering leadership, uncertainty avoidance, trust, and employee creativity: Interaction effects and a mediating mechanism, *Organizational Behavior and*

Human Decision Processes, Vol. 124, No. 2, pp. 150164.

Xu, H., Joyce, I., Aili, L., &Yaping, G., (2010), Does participative leadership enhance work performance by inducing empowerment or trust? The differential effects on managerial and non-managerial subordinates, *Journal of Organizational Behavior,* Vol. 31, No.1, pp. 122-143.

Yan, Z., Ming-yun, H., & Yun-hui, X., (2015), Paternalistic leadership and employee voice in China: A dual process model, *The Leadership Quarterly,* Vol. 26, No. 1, pp. 25-36.

Zubin, M., &Venkat, K., (2011), Transformational Leadership: Do the Leader's Morals Matter and Do the Follower's Morals Change? *Journal of Human Values,* Vol.17, No. 2, pp. 129-143.

Zheng, W., Yang, B., & McLean, N., (2010), Linking organizational culture, structure, strategy, and organizational effectiveness: Mediating role of knowledge management. *Journal of Business Research,* 63, 763-771.

Zeynep, T., & Huckman, S., (2008), Managing the Impact of Employee Turnover on Performance: The Role of Process Conformance, *Organization Science,* Volu.19, No. 1, pp. 56-70.

Zaim, H., Tatoglu, E., e Zaim, S., (2007), Performance of knowledge management practices: A causal analysis, *Journal of Knowledge Management,* Vol. 11, No. 6, pp. 54-67.

Figura 1: Disciplina de liderança na partilha de conhecimentos

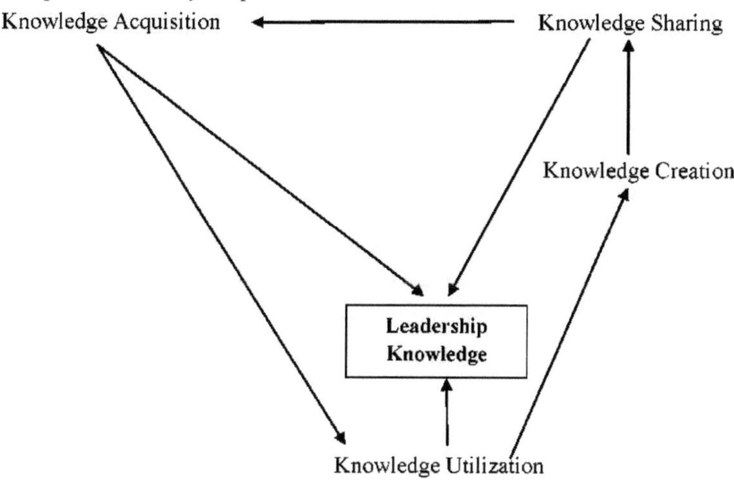

Tabela 1: Informações sobre os dados

A variável	Alfa de Cronbach	Média	Correlações	Sig
Ambiente interno	0.68	14.13	0.599	.000
Percepções dos trabalhadores	0.70	15.22	0.564	.000
Cultura da empresa	0.73	16.50	0.771	.000
Visão e missão da empresa	0.61	11.2	0.617	.000
Atitudes de gestão	0.70	33.51	0.571	.000
Valor alfa	0.77			

Quadro 2: Análise estatística

A variável	Média	Desvio Std. Desvio	Curtose	Assimetria
Ambiente interno	11.29	3.8	-0.063	-0.521
Percepções dos trabalhadores	12.22	4.8	-0.201	-0.649
Cultura da empresa	13.50	5.1	-0.270	-0.749
Visão e missão da empresa	6.89	3.1	-0.311	-0.431
Atitudes de gestão	30.52	7.1	-0. 077	-0.015
Partilha de conhecimentos Total	109.597			

Tabela 3: Teste de Kruscal-Wallis

	Ambiente interno	Percepções dos trabalhadores	Cultura da empresa	Visão e missão da empresa	Atitudes de gestão	Partilha total de conhecimentos
Qui-quadrado	13.132	28.225	8.799	2.971	1.173	11.889
Asymp. Sig.	0.000	0.000	0.006	0.213	0.689	0.002
∂f	2.000	2.000	2.000	2.000	2.000	2.000

Quadro 4: Factores que incentivam a confiança

Factores que favorecem a confiança	Grupo de fabrico I		Grupo de serviços II		Grupo de agricultura III		ANOVA de uma via e teste de Scheffe		
	Média	SD	Média	SD	Média	SD	F	Valor *de p*	Teste de Scheffe
Organização Culturais Comportamento	4.31	0.94	4.89	0.62	4.51	0.70	3.33	0.10	
Comunicação eficaz	4.71	0.74	4.65	0.74	4.41	0.74	1 . 27	0.36	
Reduzir a ambiguidade da mudança	3.31	0.95	3.36	0.63	3.61	0.68	1.68	0.28	
Abertura e franqueza com os empregados	4.67	0.63	4.95	0.68	4.63	0.57	4.09	0.03	III > II, III > I
Capacidade do líder para inspirar os colaboradores	4.41	0.92	3.99	1.00	4.22	0.57	3.13	0.15	III > I
Alinhar as palavras e as acções da gestão	4.02	0.84	4.15	1.09	4.13	0.61	9.15	0.00*	
Incentivar em vez de mandar	3.03	0.71	3.61	0.78	5.01	0.78	6.68	0.00*	
Competência de líder/gestão	4.02	0.74	3.82	0.94	4.01	0.68	1 .08	0.76	
Assumir a culpa mas dar crédito	4.24	0.80	4.74	0.61	4.54	0.65	3 .29	0.16	
Valor alfa 0,89									

*P < 0.01.

Tabela 5: Teste de Kruscal-Wallis

	Alinhar as palavras e as acções da gestão	Incentivar em vez de mandar	Abertura e franqueza com os empregados	Comportamento cultural da organização	Capacidade do líder para inspirar os colaboradores	**Total de factores que motivam a confiança**
Qui-Quadrado	36.379	21.286	16.953	8.993	7.225	19.931
Asymp . Sig.	0.000	0.000	0.000	0.720	0.244	0.030
∂f	2.000	2.000	2.000	2.000	2.000	2.000

Printed by Books on Demand GmbH, Norderstedt / Germany